Pour commander ce livre !

Vous pouvez aller sur :
Amazon.fr ou Fnac.com avec un peu de chance, il sera en stock
et vous l'aurez sous 24/48 heures.

Sinon sur BoD.fr mon éditeur
ou decitre.fr, chapitre.com
et vous le recevrez chez vous dans +/- 10 jours.

LE LIVRE SUR L'ENFANT INTERIEUR

TROUVER SON GUIDE INTERIEUR
ERADIQUER SES PETITES VOIX NEGATIVES

Par Luc POUGET

© 2017, Luc Pouget
Impression et Édition :
BoD – Books on Demand, Norderstedt

ISBN : **9 782322 108749**

Dépôt légal :
Décembre 2018

SOMMAIRE

Introduction
PREMIERE PARTIE : L'ENFANT INTERIEUR.
1/ Comment nous sommes-nous construits ? p 9
2/ Comment fonctionnons-nous ? p 11
3/ Le protocole du dialogue intérieur. P 15
4/ Démarrer le dialogue avec l'enfant : lui demander « PARDON » p 23
5/ La technique de l'engagement sur 24H. p 30
6/ Tenir ses engagements. p 31
7/ L'organisation journalière. P 31
8/ Les pièges à éviter.
    8.1/ Vérifier que c'est bien l'enfant qui parle : EXPANSION OU REDUCTION. p 33
    8.2/ L'enfant qui délire. p 34
    8.3/ L'enfant qui juge et contrôle l'adulte. p 36
    8.4/ L'enfant qui parle comme un adulte. p 38
    8.5/ un adulte absent. P 41
    8.6/ Un adulte trop timide p 44
    8.7/ Confondre l'enfant intérieur avec vous quand vous étiez petit enfant. p 47
    8.8/ l'enfant Empereur tyrannique et manipulateur qui dévaste l'adulte. p 52
9/ Que doit-on vérifier ou faire ? p 57
10/ La persévérance et la répétition. P 65
11/ L'importance de s'en tenir au protocole, ne pas induire et recadrer ! 66
12/ Insister sur les mots forts. p 70
13/ Sécuriser son enfant. p 71
14/ Guérison de la trahison, l'abandon, le rejet et l'injustice. p 75
15/ Guérison de l'humiliation. p 78
16/ l'outil « théâtre » pour l'adulte. p 78
17/ l'outil : « monter dans le train » pour l'adulte. p 79

DEUXIEME PARTIE : ERADIQUER LES PETITES VOIX NEGATIVES.
1/ Que sont ces petites voix négatives, ces « saboteurs » ? p 81
2/ Les saboteurs psychiques. p 83
3/ Les saboteurs sexuels. p 87
4/ La technique pour les éradiquer à 100%. p 90
5/ Les saboteurs physiques. p 92
6/ Les saboteurs inversés. p 98

Conclusion. p 103

INTRODUCTION

Il y a quelques années, je décidais d'aller me reposer au club med de Djerba la douce avec sous le bras un livre sur l'enfant intérieur. Face à la mer, je me suis assis avec un cahier pour commencer ce travail, je ne me doutais pas qu'il serait à l'origine d'une révolution dans ma vie.

Dans un premier temps, je me suis entendu dire des mots venus de nulle part où plutôt de mon moi profond sur mon mal-être et mon incapacité à m'engager.

Puis le chemin de la connaissance de soi m'a d'abord conduit en Tantra, puis sur l'animation de TANTRA DES JOURS HEUREUX, et enfin sur la thérapie et le processus radical du « Secret du Papillon », un stage de déconditionnement de cinq jours avec vingt jours de préparation et trois mois d'intégration.

C'est dans ce programme que j'ai développé le dialogue avec l'enfant intérieur, un de ses quatre outils principaux. Et comme sur ce sujet essentiel, cet ENFANT INTERIEUR, notre guide à chacun, je n'ai pas trouvé de livre très accessible et simple à lire, j'ai commencé à travailler dessus et vous livre ici ce trésor qui va demander un certain effort de votre part. Car même si ce livre est, me semble-t-il, l'outil le plus concret pour aborder ce dialogue, vous allez devoir déjouer de nombreux pièges.

TROUVER SON GUIDE SE MÉRITE ! Courage !

Belle lecture à tous et préparez-vous à la plus belle des rencontres !

Luc POUGET.

IMPORTANT !

SI VOUS DECIDEZ
DE COMMENCER
LE DIALOGUE INTERIEUR
AVEC VOTRE ENFANT,

VEILLEZ A LIRE AU MINIMUM
3 FOIS CE LIVRE
(cela se fait très facilement)
AVANT DE COMMENCER
LES 3 QUESTIONS

VOUS METTREZ
ALORS
TOUTES LES CHANCES
DE VOTRE COTÉ !

PREMIERE PARTIE : L'ENFANT INTERIEUR :

1/ COMMENT NOUS SOMMES NOUS CONSTRUITS ?

Nous n'avons pas eu le choix, nous avons dû nous adapter, nous conditionner, nous programmer, pour recevoir l'amour nécessaire et indispensable de nos parents dont nous avions besoin. C'était vital !
   Mais ce n'est pas pour autant que nous l'avons reçu !
Comme nous allons le voir, ce conditionnement a des conséquences essentielles sur notre vie et le problème principal est qu'il a pu nous écarter plus ou moins de ce que nous étions naturellement, et c'est ce qui peut créer le mal-être.

Si le décalage, entre celui que nous sommes réellement (et que nous appellerons plus tard l'enfant intérieur) et celui que nous sommes devenu est fort, il y a conflit intérieur.

> **Les facteurs du conditionnement sont principalement : père et mère,** (beaux-pères et belles mères ou autre si ce sont eux qui nous ont élevés), **puis religion et éducation,** et enfin entourage familial, social et médias.
> **Le souci du conditionnement,**
> **c'est qu'il nous écarte de ce que nous sommes.**

Nos parents ont fait comme ils ont pu avec ce qu'ils ont reçu de leur lignée, Ils ont subi et à la fois sont COMPLETEMENT RESPONSABLES de leur attitude avec leurs enfants; et ce n'est pas pour autant qu'elle fut bonne pour nous, il est important de le reconnaître pour sortir de la culpabilité, pour nous détacher d'eux, nous séparer de ces liens inconscients qui nous empêchent d'être libre, de trouver la distance et pour relancer le dialogue intérieur avec notre enfant.

> **Nous sommes ce qu'il a fallu que nous soyons,
> pour recevoir l'amour de nos parents.**

Par exemple, un garçon dont le papa décède très jeune, devra certainement devenir « fort » pour protéger sa maman.
Nous avons fait tout notre possible pour devenir celui que notre maman ou notre papa aurait souhaité avoir. Et c'est ainsi qu'un petit garçon dont les parents souhaitaient avoir une petite fille, va se féminiser, même jusqu'à l'extrême !
Bien sûr, souvent nous ne sommes pas obligés de nous éloigner autant de ce que nous sommes. Mais quand le décalage est trop fort entre ce que nous sommes et ce que nous sommes devenus, là peut commencer le mal-être, et, ou la maladie : mal-a-dit.
C'est la raison principale de notre « malheur » et c'est ce sur quoi la thérapie travaille, pour nous mettre en phase avec notre essence et notre pulsion de vie, pour nous apprendre à devenir notre bon parent, à subvenir à nos besoins par nous-mêmes.

2/ COMMENT FONCTIONNONS-NOUS ? :

On va essayer de simplifier, nous avons :

1/NOTRE TETE, notre ordinateur : notre centre de décisions et d'ordres avec deux fonctions principales : DIRE et FAIRE.

Ce centre peut : penser, juger, mais ne sent pas ou ne ressent pas, et bien sûr, ne pleure pas !

2/NOTRE VENTRE, NOTRE CENTRE DES RESSENTIS : besoins, envies, désirs, qui va être plus ou moins écouté par notre tête, ce qui peut d'ailleurs expliquer qu'on ait le ventre noué quand quelque chose ne va pas. Il donne les informations à notre tête, ou il ne les donne plus lorsqu'il a trop souvent été nié, ce qui forcément complique les choses.

3/ NOS VIEUX PROGRAMMES REFLEXES: notre tête fonctionne avec des programmes, des réflexes appris et conditionnés tout au long de notre histoire et stockés dans une ancienne carte mémoire : et dans le seul et unique but d'être aimé de nos parents, j'insiste car c'est essentiel pour en comprendre l'impact et les conséquences.

Ces vieux programmes répondent : soit aux demandes des parents, soit aux obligations qu'ils nous ont imposées, soit à nos croyances ou contrats pour être aimés d'eux. Ils ont tendance à **REDUIRE** nos besoins, désir et envies.

4/NOS NOUVEAUX PROGRAMMES REFLEXES: des programmes que nous devrons fabriquer tous les jours pour nous libérer, en lien direct avec notre ressenti, ce qui est bon pour nous et qui enregistreront les nouveaux reflexes. Ils favorisent l'**EXPANSION** des désirs, envies et répondent favorablement aux besoins.

TOUTE LA QUESTION EST DE SAVOIR QUEL PROGRAMME VA CHOISIR NOTRE TETE POUR DECIDER ? LE TRAVAIL CONSISTERA ENSUITE A CREER ET FAIRE GROSSIR UN STOCK DE NOUVEAUX PROGRAMMES REFLEXES AFIN QU'ILS PUISSENT S'OPPOSER ET S'IMPOSER AUX VIEUX PROGRAMMES. C'EST AU FIL DES JOURS QUE CE TRAVAIL S'ACCOMPLIRA JUSQU'A LA VICTOIRE DES NOUVEAUX PROGRAMMES SUR LES ANCIENS, LA VICTOIRE DU RESSENTI SUR LE CONDITIONNEMENT.

PRINCIPE DU DIALOGUE AVEC L'ENFANT INTERIEUR

1 OBTENIR L'INFORMATION

ENFANT INTERIEUR
VENTRE / CORPS
SENTIR, RESSENTIR
Besoins, désirs, envies, Savoir

2 TETE : FILTRAGE

VIEUX PROGRAMMES = Réduction !
Interdits,
Contrats subis ou choisis
Saboteurs, Conditionnement,
Croyances, Devoirs, Censure
Éducation, Religion

NOUVEAUX PROGRAMMES = Expansion !
Doivent s'imposer
Et sont
au service de l'enfant

3 DECISION ACTION → **4** DIRE FAIRE

L'ennui est que ces vieux programmes nombreux et très présents, sont devenus les reflexes de référence pour notre tête, et nous allons devoir lutter pour les contredire, et imposer des nouveaux programmes qui deviendront notre nouvelle référence et piloteront les nouvelles décisions. Sinon, les vieux programmes essaieront en permanence de continuer à distiller leur conditionnement avec leurs petites phrases qui iront à l'encontre de notre enfant et de nos besoins. Ces petites phrases et voix, que nous connaissons bien, se nomment : nos saboteurs !

> Pour savoir quel programme pilotera, il suffit de se dire :
> REDUCTION (vieux programmes) ou EXPANSION (nouveaux programmes au service de notre enfant)?
>
> JE VAIS DEVOIR VERIFIER SANS CESSE :
> EXPANSION OU REDUCTION ?
> Surtout au début car les anciens programmes vont continuer à sévir, à me culpabiliser dés que je me choisirai. Ils sont très puissants et ne sont pas prêt à se taire si je ne mets pas toute l'énergie qu'il faut pour les chasser !
>
> EXPANSION OU REDUCTION ?
> EXPANSION OU REDUCTION ?
> EXPANSION OU REDUCTION devra être mon obsession !

Nous appellerons L'ENFANT INTÉRIEUR : NOTRE CENTRE DES RESSENTIS, LE CORPS PHYSIOLOGIQUE, le centre « besoins » ;
et nous appellerons : NOTRE ADULTE : CELUI QUI DECIDE ET FAIT : NOTRE TÊTE.

Dès lors, nous allons dissocier deux parties chez nous :

> L'enfant intérieur est la partie qui ressent : LE CORPS, VENTRE, SEXE et l'adulte est la partie qui décide et agit ; DÉCISION, DIRE et FAIRE.

Ceci va aider à faire parler notre enfant intérieur.
Il va s'exprimer sous la forme d'une petite voix que l'on peut entendre ou pas, mais qui est essentielle, car c'est la seule en lien avec nos besoins et manques !

Se respecter, c'est entendre cette petite voix intérieure qui va exprimer ce que l'on souhaite au plus profond de soi, c'est l'écouter et se mobiliser pour la servir et la satisfaire.
L'ennui est que nous avons plus ou moins nié cette voix.

COMMENT FONCTIONNONS-NOUS ?
Les 3 circuits possibles !

ENFANT INTERIEUR : VENTRE / CORPS
SENTIR, RESSENTIR
Besoins, désirs, envies, savoir, choisir.

CIRCUIT 1
L'enfant a longtemps été ignoré et ne donne guère plus d'information à la vieille tête qui fait comme elle à fait depuis toujours.

CIRCUIT 2
L'enfant est quelquefois écouté par la vieille tête qui décide et l'enfant peut donner des informations sur ce qui est bon pour lui.

CIRCUIT 3
L'enfant est entendu par la nouvelle tête qui neutralise l'ancienne et l'information passe bien.

INFORMATION

TETE : DECISION

VIEUX PROGRAMMES OU **NOUVEAUX PROGRAMMES**
Interdits, Saboteurs, Censure, Contrats subis ou choisis, Conditionnement, Croyances, Devoirs, Éducation, Religion

au service de l'enfant
Doivent remplacer
les vieux programmes

DIRE/FAIRE

> L'idéal serait que notre adulte réponde avec bienveillance à tous les besoins de notre enfant !
> Tout l'enjeu du travail sera d'imposer la nouvelle tête aux commandes !

La difficulté est que des programmes négatifs se sont installés, souvent sur la demande de papa, maman ou x, mais parfois aussi par choix volontaire ou croyances, et nous avons ainsi perdu notre liberté naturelle.
Dois-je pour autant toujours dire *oui* à mon enfant ? Pas du tout, certaines fois ce n'est pas possible, et d'autres fois, ce le sera plus tard, et c'est ce que je vais lui dire.

> L'ENFANT INTERIÉUR : C'EST LE CORPS QUI RESSENT !
>
> L'ADULTE : C'EST NOTRE TÊTE QUI PENSE, FILTRE ET DÉCIDE : DIRE ET FAIRE
>
> NOTRE DÉCONDITIONNEMENT CONSISTE À CHANGER LA VIELLE CARTE MÉMOIRE QUI RÉDUIT MON ENFANT INTÉRIEUR PAR LA NOUVELLE QUI VA ENCOURAGER L'EXPANSION !

3/ LE PROTOCOLE DU DIALOGUE INTÉRIEUR :

Pour connaître nos besoins et nos manques et y répondre, nous allons devoir questionner la partie de nous qui ressent, notre enfant. Et cela va passer par un protocole :

Je prends un papier et un crayon :
1/ Je pose mes mains sur mon ventre, ferme les yeux, et je m'entends poser une question à mon ventre, mon enfant intérieur :
Première question : **Comment ça va, qu'est ce qui se passe ?**
J'attends qu'une réponse arrive, **JE LAISSE VENIR UNE PETITE VOIX,** j'ouvre les yeux et je marque. Ne vous posez pas de questions, qui parle ou pas, est-ce ma tête, mon intuition, ou ... faites confiance au processus. Votre enfant intérieur est là, depuis toujours et ne demande qu'à parler. **C'est la partie de vous qui sait ce qui est bon pour vous.** Ce peut être très troublant la première fois que l'on entend son enfant. Je me rappelle encore de ce premier moment.
Ne vous attendez pas à entendre une voix distincte, comme si quelqu'un vous parlait à l'oreille ! C'est plus une sensation, et des mots qui viennent à votre tête.

Si rien n'arrive, je peux poser la question un peu différemment
Si j'étais libre, qu'est-ce qui serait bon pour moi, là, tout de suite ou dans cette situation ?
Il y a des chances que vous ne le sachiez pas. Alors posez-vous une deuxième question :
Et si je savais, qu'est ce qui serait bon pour moi ?
Vous risquez d'être surpris de recevoir une réponse.
Et si elle ne vient pas insistez !

Puis je passe à la deuxième question qui va compléter la première :
Deuxième question : **Peux-tu m'en dire un peu plus ?**
Je vais répéter cette question deux, trois, cinq fois,
jusqu'à ce que la réponse de mon enfant, ma petite voix intérieure soit précise et concrète !
Et je marque chaque fois : questions et réponses. Ce jeu d'allers et retours me permet de savoir ce qui ne va pas.
Une fois que le problème est bien identifié et clair, je pose la dernière question :

Troisième question :-**Que puis-je faire pour toi ?**
Et je vais marquer la réponse sur mon cahier. J'ai maintenant la possibilité d'agir pour répondre aux besoins de mon enfant, j'écris ce que je décide de faire et je le lui dis ; si vous lui donnez la bonne réponse, vous allez ressentir un soulagement et une joie immédiats !
Mais je n'ai souvent pas besoin de poser la dernière question,
car la réponse sera apparue d'elle-même !

> Les 3 phrases essentielles :
> 1 : Comment ça va, qu'est ce qui se passe ?
> 2 : Peux- tu m'en dire un peu plus ?
>   Peux- tu m'en dire un peu plus ?
>   Peux- tu m'en dire un peu plus ?
>   Etc...
> Jusqu'à ce que le besoin soit clair et précis, puis :
> 3 : Que puis-je faire pour toi ?

Cela peut donner un dialogue de ce type :

Adulte : *Comment ça va, qu'est-ce qui se passe ?*
Enfant : *Je ne suis pas content !*
Adulte : *Tu peux m'en dire un peu plus ?*
Enfant : *Je n'ai pas aimé comme elle m'a parlé !*
Adulte : *Tu peux m'en dire un peu plus ?*
Enfant : *Je ne supporte pas la façon dont elle me traite, ça me fait mal !*
Adulte : *Que voudrais-tu que je fasse pour toi ?*
Enfant : *Que tu lui interdises de me parler de la sorte !*
Adulte : *Entendu, je vais aller lui parler et lui demander de faire attention aux mots qu'elle emploie quand elle te parle, c'est ok pour toi ?*
Enfant : *Non !*
Adulte : *Peux-tu m'en dire un peu plus ?*
Enfant : *Je ne veux pas qu'elle fasse attention, je veux qu'elle ne me parle plus jamais comme ça !*
Adulte : *D'accord, je vais aller la voir et lui dire qu'à partir de ce jour, je n'accepterai plus qu'elle me parle comme ça et que je mettrai fin à la discussion si elle le fait, comment c'est pour toi ?*
Enfant : *C'est bien !*

L'important est d'avoir accès à ces informations lorsque nous ne nous sentons pas bien. Le fait de dissocier ces deux parties de nous va nous y aider, et mieux, ce dialogue va nous permettre de déterminer ce qui ne va pas et nous donner la solution !
Bien sûr lorsque tout va bien nous n'avons pas besoin de nous poser des questions !

Mais pourquoi alors, puis-je ne rien entendre ? Pourquoi puis-je ne pas entendre cette petite voix intérieure, celle de mon enfant intérieur ?
Pour une raison fort simple : trop souvent nous n'avons pas entendu ou écouté notre enfant intérieur, nous l'avons ignoré trop longtemps, avec des : « il ne faut pas, c'est interdit, ce n'est pas bien, etc... »
Et notre enfant a dit, dit et redit, demandé et notre adulte lui a répondu : non, non, non.
Il fallait ressembler à ce que nos parents souhaitaient, alors au bout d'un certain temps, notre enfant s'est arrêté de parler.
Pour que l'enfant se remette à parler, il faut qu'il sente que notre adulte est prêt à le servir, sinon à quoi cela servirait-il ?
Pour que ce précieux dialogue se réinstaure, et notre enfant ne demande que ça, il faut le rassurer et s'engager à lui donner satisfaction.

Parfois, l'enfant a besoin de temps pour se remettre à parler, alors il faut insister. Surtout la première fois, il se peut qu'il ne parle qu'au bout de plusieurs tentatives de dialogue, qu'au bout de plusieurs jours d'essai. Dans ce cas, il faut alterner avec ce qui suit et le rassurer comme ci-dessous :

Exemple 1
Adulte : *Bonjour, comment ça va, qu'est-ce qui se passe ?*
Enfant : *... silence...*
Adulte : *Bonjour, comment ça va, qu'est-ce qui se passe ?*
Enfant : *... silence...*
Adulte : *Coucou, peux-tu me dire ce qui se passe ?*
Enfant : *... silence...*
Adulte : *Tu ne veux pas me parler ?*
Enfant : *Non !*
Adulte : *Tu es en colère ?*
Enfant : *Non !*
Adulte : *Je vois bien que oui, peux-tu me dire pourquoi ?*

Enfant : *Je te déteste !*
Adulte : *Peux-tu m'en dire un peu plus ?*
Enfant : *Tu ne me défends jamais !*
Adulte : *Peux-tu m'en dire un peu plus ?...*

<u>Exemple 2, sur 2 jours :</u>
JOUR 1
Adulte : *Es-tu là, veux-tu me parler ?*
Enfant : *Silence*
Adulte : *Es-tu là, veux-tu me parler ?*
Enfant : *Silence*
Adulte : *Je comprends que tu ne souhaites pas me parler. Je comprends que tu doutes de ce que je dis. Je comprends que tu hésites à me parler. Ça fait trop longtemps que je ne te parle plus, mais à partir d'aujourd'hui je souhaite qu'on se parle de nouveau et qu'on reste en contact. Es-tu d'accord avec ça ?*
Enfant : *Silence.*
Adulte : *Si tu ne veux pas me parler, je comprends. Je veux juste que tu me dises un petit mot. Si tu vas bien ? Comment tu te sens-là ?*
Enfant : *Silence.*
Adulte : *Si tu ne veux pas me parler, ce n'est pas grave mais je voudrais juste que tu me fasses un signe, un signe de la tête ou de la main ou autre, peu importe, juste pour que je sache si tu m'entends.*
Enfant : *Silence (mais il y a 2 gargouillements dans l'estomac).*
Adulte : *OK. J'ai bien entendu les 2 gargouillements, je suis content que tu te sois manifesté. Même si tu ne veux pas me parler, je vais continuer à te parler ! J'ai besoin que tu me dises quels sont tes besoins pour que je puisse t'aider. J'ai besoin que tu me dises ce qu'il faut que je fasse pour te satisfaire. J'ai besoin que tu me dises comment tu te sens-là maintenant. Dis-moi comment tu te sens ?*
Enfant : *Silence.*
Adulte : *Ce n'est pas facile pour moi de parler tout seul. Tu es là mais tu ne ne parles pas. Ça fait si longtemps qu'on ne se parle plus, mais aujourd'hui je te parle de nouveau et j'aimerai qu'on se parle tous les deux car on a des choses à se dire.*

Enfant : *Je ne veux rien dire.*
Adulte : *Ah ! Je suis content que tu me parles, je suis content d'entendre de nouveau ta voix, ça fait si longtemps. Même si tu me dis que tu ne veux rien dire, peux-tu m'en dire un peu plus ? Peux-tu me dire pourquoi tu ne veux rien dire ?*
Enfant : *Silence.*
Adulte : *Comment tu te sens-là ?*
Enfant : *Silence.*
Adulte : *Écoutes, comme tu ne veux plus me parler, je vais m'arrêter là pour aujourd'hui et je reviendrai vers toi un peu plus tard. Es-tu d'accord avec ça ?*
Enfant : *Oui.*

JOUR 2
Adulte : *Comment ça va, qu'est ce qui se passe ?*
Enfant : *Bof*
Adulte : *Peux-tu m'en dire un peu plus ?*
Enfant : *Silence*
Adulte : *Tu souhaites me parler d'un sujet particulier ?*
Enfant : *Oui*
Adulte : *Alors je t'écoute, je suis là pour toi, j'ai tout mon temps, tu peux me dire tout ce dont tu as envie.*
Enfant : *Euh… je ne sais pas par où commencer.*
Adulte : *Prends ton temps, je suis là pour toi, je suis avec toi, nous avons tout notre temps. Comment te sens-tu là maintenant ?*
Enfant : *Euh… silence.*
Adulte : *Je sais, je ne me suis pas bien occupé de toi mais à partir de ce jour, je prends l'engagement d'être très attentif à toi, de t'écouter et de faire tout ce que je peux pour satisfaire tes besoins. Je vais apprendre à t'écouter et à agir pour toi. À partir de ce jour, tu es ma priorité, n'en doute pas, je m'y engage, et même si un jour je ne suis pas au top, je te promets que je ne te laisserai plus seul. Je vais bien m'occuper de toi. Vraiment je te demande pardon. Je vais prendre soin de toi. Es-tu d'accord ?*
Enfant : *Oui.*
Adulte : *Comment te sens tu ?*

Enfant : *Je suis troublé.*
Adulte : *Que ressens-tu là maintenant ?*
Enfant : *Je suis triste.*
Adulte : *Peux-tu m'en dire un peu plus ?*
Enfant : *Je n'ai rien à faire.*
Adulte : *Peux-tu m'en dire un peu plus ?*
Enfant : *Je suis seul.*
Adulte : *Peux-tu m'en dire un peu plus ?*
Enfant : *Je n'ai pas d'amis.*
Adulte : *Pourquoi tu n'as pas d'amis ?*
Enfant : *Parce que je ne vois personne.*
Adulte : *Que puis-je faire pour toi ?*
Enfant : *Que tu rencontres des gens.*
Adulte : *Tu souhaites que je rencontre plus souvent les gens, c'est OK pour toi ?*
Enfant : *Oui que tu leur parles.*
Adulte : *OK, lorsque je rencontre des gens, je vais leur parler plus que "de la pluie et du beau temps", ça te va?*
Enfant : *Oui.*
Adulte : *OK pour aujourd'hui, on se revoie demain.*

Et l'enfant peut commencer à dire. S'il ne veut toujours pas parler, je dois lui demander pardon.

> **L'important est que la confiance avec mon enfant soit rétablie, ensuite il peut être très généreux avec moi et surtout donner toutes les réponses à mes questions, et cela devient magique !!!**
> **Quand l'enfant ne veut pas parler, il faut lui demander pardon jusqu'à ce qu'il l'entende.**

4/ Démarrer le dialogue avec l'enfant : lui demander « PARDON »:

Il faut que notre enfant sente que notre adulte est prêt à le servir.
Il faut se réconcilier et s'engager pour lui donner satisfaction.
Apprenez d'abord le discours ci-dessous, ou inspirez-vous en.
Installez-vous confortablement avec papier et stylo.
Puis commencez à lui parler généreusement et fort, il doit entendre et vous allez devoir lui parler jusqu'à ce qu'il vous réponde, c'est une question de persuasion et de temps, car votre enfant ne demande qu'une chose, c'est que vous vous occupiez enfin de lui.
Cela peut ressembler à ceci :
« Bonjour toi, je te demande Pardon. Je sais, je ne me suis pas bien occupé de toi, j'ai fait comme j'ai pu, je m'en rends compte, mais j'ai quelque chose à te dire : à partir de ce jour, je prends l'engagement d'être très attentif à toi, de t'écouter et de faire tout ce que je peux pour satisfaire tes besoins, tu peux me croire, j'ai grandi, fais-moi confiance, je vais apprendre à t'écouter et à agir pour toi, personne ne m'a appris, mais à partir de ce jour, tu es ma priorité, n'en doute pas, je m'y engage, et même si un jour je ne suis pas au top, je te promets que je ne te laisserai plus seul, je vais bien m'occuper de toi, vraiment je te demande Pardon » ! *(A APPRENDRE AVANT DE COMMENCER ou lire à haute voix, phrases après phrases)*

Vous aurez alors quelque chance de sentir immédiatement une joie à l'intérieur de vous, peut-être timide car votre enfant ne vous fera pas confiance tout de suite, mais vous la sentirez de plus en plus présente au fur et à mesure que vous enregistrerez des victoires !
Ce discours doit lui être tenu tant qu'il ne vous parle pas, tant que vous n'entendez pas sa petite voix. Il ne faut pas hésiter à lui demander plusieurs fois pardon ! L'enjeu est vital, vous allez, grâce à lui, connaître tous vos besoins et manques, et ainsi pouvoir les nourrir.

> C'est un point essentiel : à partir du moment où j'obtiendrai de mon enfant les informations sur mes besoins ou mes manques, je pourrai les combler par moi-même et ne demanderai plus à mon partenaire de le faire à ma place.

Alors, je commencerai à devenir autonome et j'enlèverai cette pression à l'autre.

Si tenir ce discours une fois ne suffit pas, il faut le reformuler encore et encore, afin que la confiance se rétablisse. Ce n'est qu'une question de temps, de motivation, et de persuasion, car votre enfant parlera, il ne demande que ça depuis toujours : que votre adulte l'entende enfin !

> Si l'enfant ne veut toujours pas parler, malgré le discours ci-dessus répété et répété, vous pouvez utiliser une petite mise en scène avec une chaise et un coussin. Vous utiliserez la chaise pour l'adulte : poser les questions ou rassurer votre enfant intérieur qui sera symbolisé par le coussin à vos pieds. Cela peut aider à la mise en place et visualisation du dialogue. La chaise sera l'adulte qui pose les questions et agit, et le coussin : votre enfant qui sent et ressent ses besoins et vous les confie (dans le meilleur des cas). Vous ferez l'adulte qui mène le dialogue sur la chaise et passerez ensuite sur le coussin, les yeux fermés et mains sur le ventre pour l'enfant qui pourra répondre, et ainsi de suite...

Nous n'avons pas d'autre choix que de tout mettre en œuvre pour commencer à entendre cette petite voix qui dans le temps nous donnera toutes les réponses à nos questions !

Ensuite, il est essentiel de tenir ses engagements.
Il n'y a rien de plus terrible que le DOUBLE-DISCOURS, que de promettre à votre enfant quelque chose que vous ne faites pas, par la suite.
C'est une nouvelle trahison.

Exemple 1 – pour aller chercher l'enfant :

Adulte : *Comment ça va, qu'est ce qui se passe ?*
Enfant : ………………………
Adulte : *Es tu là, veux tu me parler ?*
Enfant : ……………….
Adulte : *Bonjour, es-tu là ?*
Enfant : ………………
Adulte : *Coucou, es-tu là ?*
Enfant : ……………..
Adulte : *Coucou, est-ce que tu es là ?*
Enfant : ………………..
Adulte : *Je comprends ton silence. Il est grand temps que je te demande Pardon. PARDON. Pardon pour tout ce temps durant lequel je t'ai ignoré… Oui tout ce temps où je t'ai délaissé, oublié, enfermé !!! Pourtant, je sais que tu existes, oui ça, JE LE SAIS !!!!!!!!!! Je l'ai su tardivement c'est vrai, alors que j'étais en mal-être, perdue… au fond de ma désespérance… un après-midi, tu es venu à moi… simplement… je t'ai entendu, tu m'as guidée, enveloppée de douces paroles d'amour et de tendresse, je t'ai entendu me dire le juste, le vrai, le bon pour moi. Tu m'as sauvée du désespoir, du vide, du rien!!!! Tu as su me dire que je me trompais de route, tu as su me dire que tu étais là à tout moment, tout le temps, le jour, la nuit… qu'il suffisait juste que je prenne le temps de t'écouter ; je sais que si je te laisse une place, la tienne, ma vie est plus légère. Tout devient simple, magique, fluide… !!!! Je me sens forte, courageuse, déterminée, vivante !!! Oui je te demande PARDON pour ne pas t'avoir entendu, écouté*

et aujourd'hui encore il en est ainsi, je le reconnais et en suis bien chagrinée et tellement désolée. Cela n'est pas simple pour moi actuellement entre mes parents en santé fragile, ma fille en demande, mon activité...

Je ne prends pas le temps et ne te laisse pas ta place, je me laisse submerger par le "faire" ceci-cela .....Je m'éparpille de tous les côtés !!!!
Oui je te demande PARDON pour ne pas m'être bien occupé de toi mais j'ai quelque chose à te dire :
À partir de ce jour, je prends l'engagement d'être très attentive à toi, de t'écouter et de faire tout ce que je peux pour satisfaire tes besoins, tu peux me croire... Je grandis, fais-moi confiance, je vais prendre le temps de t'écouter et d'agir pour toi, à partir de ce jour, tu es ma priorité, n'en doute pas, je m'y engage, et même si je ne suis pas au top, je te promets que je ne te laisserai plus seul, je vais bien m'occuper de toi, vraiment JE TE DEMANDE PARDON. Aussi, je m'engage pour te retrouver, pour que nous renaissions ensemble. Je vais apprendre, réapprendre à t'entendre, à t'écouter, et surtout te défendre et faire pour toi ce que je dois faire pour toi, pour nous.
Pour cela, je te demande de me faire confiance, de m'aider, de me parler. Je te le promets je vais rattraper le temps perdu. JE TE DEMANDE PARDON... J'ai besoin de toi !

Exemple 2 – sur 3 jours :
1er jour
Adulte : *Es-tu là, veux-tu me parler ?*
Enfant : *Silence*
Adulte : *Bonjour toi, je te demande pardon. Je sais, je ne me suis pas bien occupé de toi, j'ai fait comme j'ai pu, je m'en rends compte, mais j'ai quelque chose à te dire : à partir de ce jour, je prends l'engagement d'être très attentif à toi, de t'écouter et de faire tout ce que je peux pour satisfaire tes besoins, tu peux me croire, j'ai grandi, fais-moi confiance, je vais apprendre à t'écouter et à agir pour toi, personne ne m'a appris, mais à partir de ce jour, tu es ma priorité, n'en doute pas, je m'y engage, et*

même si un jour je ne suis pas au top, je te promets que je ne te laisserai plus seul, je vais bien m'occuper de toi, vraiment je te demande pardon. Es-tu là ? Veux-tu me parler ?
Enfant : *Silence*
Adulte : *Comment ça va ? Qu'est ce qui se passe ?*
Enfant : *Silence*
Adulte : *Bonjour toi, je te demande de me pardonner, je veux m'occuper de toi, je veux que tu me parles pour que je puisse répondre à tes besoins. Je veux que nous parlions de nouveau ensemble. Je vais m'occuper de toi, je vais t'apporter la sécurité dont tu as besoin, je veux que nous retrouvions cette complicité, pardonne-moi. Comment ça va ? Qu'est-ce qui se passe ?*
Enfant : *Silence*
Adulte : *Ok, je comprends que tu ne souhaites pas me parler, donc je reviendrai ce soir pour te parler de nouveau. Es-tu d'accord ?*
Enfant : *Silence*
Adulte : *Ok, je respecte ton choix. Je reviendrai ce soir pour te parler, je te souhaite une bonne journée. À ce soir.*

<u>2e tentative dans la 1re journée</u>

Adulte : *Re-bonjour toi, je te demande pardon. Je sais que je ne me suis pas occupé de toi, que je t'ai oublié, je ne savais pas que tu étais là. Pardonne-moi, personne ne m'a appris à te parler, mais à partir d'aujourd'hui, je te promets que je vais faire tout ce que je peux pour t'écouter, écouter tes besoins, te sécuriser. Pardonne-moi. Es-tu là ? Qu'est-ce qui se passe ?*
Enfant : *Silence*
Adulte : *Je comprends que tu n'aies plus confiance en moi, je n'ai pas été disponible pour toi, je t'ai ignoré, oublié, mais je veux changer cela, t'apporter mon aide pour que tu puisses t'exprimer, me dire quels sont tes besoins. Je te demande pardon, je te demande pardon, je te demande pardon. Es-tu là ? Veux-tu me dire quelque chose ?*
Enfant : *Silence*

Adulte : *Ok je comprends que tu ne souhaites pas me parler. Je reviendrai demain pour te voir et te demander comment tu vas et si tu veux me parler. Bonne soirée. Je t'aime mon enfant. Pardonne moi, je te demande de me pardonner.*

2e jour

Adulte : *Bonsoir, Es-tu là ? Souhaites-tu me parler ? Me dire ce qui se passe ?*
Enfant : *Silence (j'entends craquer mon cou, mes cervicales)*
Adulte : *J'ai entendu tes craquements, je sais que tu es là. Je te demande de me pardonner. Je ne savais pas que tu étais là. J'ai besoin que nous communiquions ensemble, pour que je puisse t'aider, que je puisse écouter tes besoins. Je te demande de me pardonner. Je sais que je t'ai laissé seul, mais aujourd'hui, je veux changer cela, je veux que tu saches que tu es ma priorité désormais. Je te demande de me pardonner. Moi aussi j'étais seul, mais maintenant nous sommes deux, nous allons y arriver ensemble. Alors je sais que tu es là, dis-moi comment tu vas, dis-moi ce qui ce passe.*
Enfant : *J'ai mal.*
Adulte : *J'ai entendu que tu as mal, peux-tu m'en dire un peux plus ? Je suis là et je t'écoute désormais, tu peux me faire confiance. Peux-tu m'en dire un peu plus ?*
Enfant : *Je ne suis pas bien, j'étouffe.*
Adulte : *J'ai entendu, je suis content que tu me parles. Peux-tu m'en dire un peu plus ?*
Enfant : *J'ai mal à la tête, je suis fatigué, je n'y arrive plus*
Adulte : *J'ai compris ce que tu m'as dit, peux-tu m'en dire un peu plus sur ce que tu ressens, sur ton état ?*
Enfant : *Tu m'as abandonné*
Adulte : *Je comprends ce que tu ressens, ne me juge pas et dis moi plutôt qu'est-ce que je peux faire pour toi ?*

Enfant : *Je veux que tu prennes soin de moi, que tu me respectes, que tu nous respectes.*
Adulte : *J'ai entendu, dis-moi que puis-je faire pour toi maintenant, pour t'aider ?*
Enfant : *Je ne sais pas.*
Adulte : *Je t'entends. Je vais te laisser pour ce soir, et je reviendrai te parler demain. Es-tu d'accord ?*
Enfant : *Oui, je suis d'accord.*

3ᵉ jour
Adulte : *Bonsoir, je suis là pour toi, j'ai apprécié de communiquer avec toi. Je souhaiterais de nouveau te parler. Comment ça va ? Qu'est ce qui ce passe ?*
Enfant : *Tu m'as déçu.*
Adulte : *Ne me juge pas, dis-moi plutôt ce qui se passe pour toi ?*
Enfant : *Tu ne m'as pas écouté.*
Adulte : *Ok j'ai entendu. Peux-tu m'en dire un peu plus ?*
Enfant : *Je t'avais demandé de prendre soin de toi, de nous.*
Adulte : *Peux-tu m'en dire un peu plus ?*
Enfant : *Je veux que tu arrêtes de fumer, cela me fait mal.*
Adulte : *C'est difficile pour moi en ce moment car beaucoup d'évènements sont en train de se dérouler. J'ai entendu ton besoin. Mais j'ai besoin d'un peu de temps.*

> ➔ **Non, il faut arrêter sur le champ, il faut se choisir et ne pas laisser à nos vieux programmes une minute de plus le contrôle. Ce discours ne peut pas être viable longtemps car c'est du double discours.**
> **Si la nouvelle tête n'est pas capable de faire ce premier acte, elle ne sera pas capable de remettre en cause tout le reste qui va suivre. Car une révolution se prépare !**

Adulte : *Que puis-je faire pour toi ?*

Enfant : *Que tu fasses attention à ne pas trop en fumer*
➔ **Non, ce n'est pas l'enfant qui parle, c'est encore la vielle tête qui s'accommode en le faisant parler. Avec le temps ce sera facile de le détecter : EXPANSION OU REDUCTION ?**
Adulte : *Que puis-je faire d'autre pour toi ce soir ?*
Enfant : *Rien pour le moment*
Adulte : *Ok je te remercie d'avoir exprimé tes besoins, je vais respecter ma parole. Je reviendrai demain. Bonne soirée.*
Enfant : *D'accord.*

> **Tout ce qui va dénigrer ou réduire l'enfant, sera conduit par la vielle tête**

5/ LA TECHNIQUE DE L'ENGAGEMENT SUR 24 HEURES.

Si l'enfant a bien été éprouvé, si votre adulte l'a longtemps ignoré, il va être difficile de reprendre contact avec lui, alors nous allons mettre en place l'engagement sur 24 h. Elle consiste à lui tenir ce discours :

« *Je comprends que tu aies du mal à me croire et que tu ne me répondes pas, mais j'ai besoin de toi, il n'y a que toi qui puisse me dire ce qui est bon ou pas pour nous et je t'accordes que c'est nouveau, oui, c'est nouveau mais je te demande de me croire, je vais m'engager dans ce processus, il est vital pour nous, nous devons nous trouver et je vais te prouver jours après jours que je peux être là pour toi, aussi je vais juste te demander de me faire confiance juste pour 24 h et demain je reviendrai vers toi, est-ce que c'est possible pour toi de me faire confiance 24 heures ?* »

> **Si l'enfant ne répond toujours pas, je recommence jusqu'à ce qu'il réponde !**
> **Je lui demande de me faire confiance sur 24 heures et demain je reviendrai vers lui pour un jour de plus, et jours après jours, la relation ou connexion se construira. L'enfant a besoin de l'adulte autant que l'adulte a besoin de l'enfant.**

6/ TENIR SES ENGAGEMENTS

Il est essentiel de bien comprendre ceci : une fois engagé ce chemin de reconquête de soi, de son enfant, de son essence, tout manquement de l'adulte, toute défaillance, pourront être vécus par votre enfant comme une nouvelle trahison. Cela reviendrait à dire : je m'occupe de toi, mais je ne fais pas ce qui est bon pour toi, voire, je fais le contraire.
Il n'y a rien de plus terrible pour l'enfant. Le risque étant qu'au bout d'un moment, l'enfant se referme une nouvelle fois et qu'il sera encore plus difficile de le refaire parler.
S'engager sur ce chemin nécessite beaucoup de vigilance durant les premiers temps. En effet, le travail de l'adulte, afin de changer les réflexes de conditionnements acquis sur de nombreuses années, va demander une grande mobilisation.

7/ L'ORGANISATION JOURNALIÈRE

Une bonne façon de montrer à l'enfant la motivation de votre adulte est de s'organiser pour faire mettre votre adulte en action.
Nous aurons besoin d'une feuille : À FAIRE et d'un petit carnet journalier.
Voici ce que je vous propose : un temps PETIT DÉJEUNER :
1/ Chaque matin je prends la feuille À FAIRE et y marque au crayon tout ce qu'il y a à faire : téléphoner, aller chercher, faire…
2/ Je demande à mon enfant ce qui serait bon pour lui.
3/ Choisir dans la liste À FAIRE ce que je vais faire dans cette journée et le programmer dans mon petit carnet.
4/ Vérifier le lendemain matin avec lui ce que j'ai fait ou pas et reprogramme ce qui n'a pas été fait.
5/ je commence très doucement, et si je ne réalise pas une tache programmée, j'explique à mon enfant pourquoi.

Exemple : d'une programmation journalière :
12 h téléphoner à Gérard.
13 h 30 moment café avec mon enfant intérieur (c'est une façon de lui rappeler que dorénavant vous êtes ensemble, unis).
18 h sport.
19 h 15 courses.
20 h repas maison avec Didier et Bénédicte.

Autre exemple :
10 h yoga.
11 h courses.
13 h point café avec mon enfant intérieur, téléphoner à Pierre.
14 h balade.
17 h maison, ranger salon.
18 h bain enfants, et lancer machines à laver.
19 h apéro.

Cela peut être de très petites choses, mais parfois des petites choses essentielles !

Comme votre enfant qui vous dira qu'il n'a pas envie d'aller au dîner de ce soir et préfère se reposer, ou qu'il a envie de voir du monde et qu'il vous demande d'appeler Jacques et Sylvie, ou de sortir la poubelle jaune que vous n'avez pas sorti la semaine dernière. Ce sont en fait des rendez-vous « reconnexions ».

> **Alors l'enfant se rendra compte qu'une dynamique nouvelle s'installe, et sera encouragé à vous parler.**
> **Très important, si vous n'arrivez pas à réaliser une tâche, expliquez lui pourquoi et dites-lui que vous allez vous améliorer, attention c'est très fragile au départ.**

8/ LES PIEGES À ÉVITER. Ils sont très nombreux !

8.1 : laisser décider les vieux programmes réflexes.

Ils sont tellement bien installés que nos décisions se prendront avec eux aux commandes. Nous devons donc faire un gros effort pour débusquer si ce sont des vieux programmes ou si ce sont les programmes au service de notre enfant qui décident.

Je vous demanderai de bien retenir ce qui suit. Je dois chaque fois me demander : est-ce que la décision que je vais prendre m'offre de l'expansion ou elle aurait plutôt tendance à me réduire ?

Au tout début de ce dialogue intérieur, permanence je devrais consulter mon enfant et vérifier que ce sont les programmes au service de mon enfant qui décide et non les vieux programmes réflexes.

Attention, la tâche ne sera pas facile et demandera une surveillance permanente.

L'enjeu est essentiel car le risque est de croire entendre mon enfant intérieur, alors que ce sont mes vieux programmes qui me parlent et décident. Et si l'ancien reste aux commandes, mon enfant ne sera pas entendu et risque de se taire. Alors je me serais coupé de ma source en ayant pratiqué un double discours : celui de prétendre l'écouter pour faire pour lui, répondre à ses besoins et désirs, et en fait faire l'inverse sous la direction des anciens programmes. Je dois imposer les nouveaux programmes à me posant la question ci-dessous

---

TRES IMPORTANT !!! Je dois me poser sans cesse cette question :

EXPANSION OU RÉDUCTION ?

Est-ce que la décision que je prends m'offre de l'expansion ou aurait plutôt tendance à me réduire ?

8.2 : L'enfant qui délire.

Exemple 1 d'enfant délirant
Adulte : *Comment ça va ?*
Enfant : *Je m'ennuie...*
Adulte : *Peux-tu m'en dire un peu plus ?*
Enfant : *Je me repose...*
Adulte : *Qu'est ce qui se passe ?*
Enfant : *Je m'ennuie, je ne cours pas, je m'absente, je suis là, j'ai peur de partir, je m'affole, je sens de la peur...*

➔ **Je dois faire intervenir mon adulte pour recadrer :**
Adulte : *Oh là, arrête tout, tranquille, dis-moi ce qui se passe tout de suite, là, simplement, comment tu te sens ?*
Dans ce cas, je dois être vigilant à ne pas me laisser embarquer dans le délire de mon enfant pour trouver ce qu'il a à me dire.

Exemple 2 d'enfant délirant
Adulte : *Comment ça va ?*
Enfant : *Tu joues avec moi ?*
Adulte : *Peux-tu m'en dire un peu plus ?*
Enfant : *Je m'ennuie...*
Adulte : *Peux-tu m'en dire un peu plus ?*
Enfant : *Je suis seul(e)...*
Adulte : *Peux-tu m'en dire un peu plus ?*
Enfant : *... et enfermé(e)...*
Adulte : *Peux-tu m'en dire un peu plus ?*
Enfant : *Dis-lui que dehors, il n'y a pas de danger...*
Adulte : *Peux-tu m'en dire un peu plus ?*
Enfant : *Dis-lui que dehors, ils ne sont pas méchants...*

➔ **Il faut faire intervenir l'adulte pour recadrer l'enfant :**

Adulte : *Eh ! Si tu as peur, tu peux le dire, mais je suis là pour te protéger et je suis bien là, alors sois tranquille et dis-moi comment tu vas maintenant ici... et pas dehors, puisque nous sommes dedans et que je te protège !*

<u>Exemple 3 d'enfant délirant</u>
Adulte : *Comment ça va ?*
Enfant : *Je voudrais bien m'amuser... Pourquoi je ne m'amuse jamais ? C'est injuste, je ne veux pas être un grand frère ! Ca m'ennuie de prendre soin de ma petite sœur ! Je veux m'amuser à sentir les odeurs : odeurs de Paris, parfums de femme... S'il te plaît, crée un abri en toi pour moi, où tu pourras me sentir, viens me voir seulement quand tu es tranquille !*

➔ **Cela part dans tous les sens. Il faut arrêter le discours de l'enfant et lui redemander ce qui ne va pas, là, maintenant !**

8.3 : Exemples d'enfants qui jugent et contrôlent l'adulte.

L'enfant ne juge pas, il est le ressenti.

> **ATTENTION :** Il peut y avoir confusion avec cette petite voix qu'on peut entendre, qui pourrait ressembler à celle de l'enfant mais ne serait que celle de notre vieille tête conditionnée. Pour démasquer cette confusion : il faut se poser la question :
> **EST-CE UN JUGEMENT ?**

Adulte: *Comment ça va ?*
Enfant : *Maintenant, là, ça va, depuis qu'on est rentré à l'appartement...*
Adulte : *Peux-tu m'en dire un peu plus ?*
Enfant : *Tu m'as oublié pendant qu'on déjeunait avec Nicole ...*
Adulte : *Peux-tu m'en dire un peu plus ?*
Enfant : *Tu m'as enfermé dans une boîte pendant que tu déjeunais avec ton amie...*
Adulte : *Peux-tu m'en dire un peu plus ?*
Enfant : *Je ne comprends pas pourquoi tu as parlé de ça à table, tu n'as qu'à être plus ferme sur tes positions, et ne pas te laisser embarquer, tu aurais dû lui dire que tu ne crois pas à sa théorie.*

> ➔ l'enfant sent, ressent... Il ne pense pas, ne conseille pas, ne juge pas, cela embrouille la lecture des informations à récolter. Il faut le recadrer :

Adulte : *Eh, du calme ! Ne juge pas et dis-moi plutôt en quoi tu es dérangé !*

<u>Autre exemple</u>
Adulte : *Comment ça va ?*
Enfant : *Je ne suis pas content.*
Adulte : *Peux-tu m'en dire un peu plus ?*

Enfant : *Bouge-toi pour faire les choses, ne te laisse pas aller, y en a vraiment marre que tu ne fasses rien, c'est toujours pareil, etc.*

➔ **il faut le recadrer :**

Adulte : *Eh, arrête-toi ! Je suis là pour toi, dis-moi plutôt en quoi tu es dérangé ?*

8.4 : L'enfant qui parle comme un adulte.
Il utilise souvent de longues phrases.

Exemple 1

Adulte : *Comment ça va ?*
Enfant : *Il se passe que je veux être libre !*
Adulte : *Peux-tu m'en dire un peu plus ?*
Enfant : *Je veux pouvoir faire ce que je veux, comme je veux, quand je veux, sans sentir le poids du regard des autres, sans avoir peur du qu'en dira-t-on. Je veux m'affranchir des convenances...tant que je ne nuis à personne.*

→ **Il faut recadrer, ce n'est pas un enfant de 5 ans qui parle !**

Adulte : *stop, stop, stop ! Peux-tu me dire ce qui ne va pas, là, maintenant, tout de suite ?*

Exemple 2

Adulte : *Comment ça va ?*
Enfant : *Je ne suis pas content !*
Adulte : *Peux-tu m'en dire un peu plus ?*
Enfant : *Chaque fois que tu interviens sur Isabelle (6 ans), Nathalie (ta femme et sa mère) te recadre, c'est comme si elle était seule à détenir le savoir, c'est comme si tu ne pouvais pas affirmer ton autorité sans sa tutelle. C'est comme si, parce qu'elle est la mère elle sait, et toi qui est le père, tu n'as qu'à te taire sous prétexte que l'éducation des enfants ne serait pas la prérogative du masculin.*

→ **Il faut stopper et recadrer**

Adulte : *Eh ! Arrête et dis-moi ce qui te dérange !*
Enfant : *C'est qu'elle contredise les consignes que tu viens de donner aux enfants pour le coucher !*
Adulte : *Peux-tu m'en dire un peu plus ?*
Enfant : *Je ne veux plus qu'elle fasse cela.*
Adulte : *Que puis-je faire pour toi ?*

Enfant : *Lui dire et qu'elle cesse ceci.*
Adulte : *Entendu, je vais lui demander de ne plus me contredire sur les consignes que je donne aux enfants et si on n'est pas d'accord, on en discute ensuite mais pas devant les enfants. Est-ce que c'est ok pour toi ?*
Enfant : *Oui.*

Exemple 3
Adulte : *Comment ça va ? Qu'est-ce qui se passe ?*
Enfant : *Je ne me sens pas bien...*
Adulte : *Peux-tu m'en dire un peu plus ?*
Enfant : *Je n'aime pas la façon qu'elle a de me juger, elle veut que je sois dans la conscience, dans le cœur tout le temps, elle a du mal à accepter ma joie mentale d'être avec elle, de m'intéresser à ce qui se passe dans le monde...*
Adulte : *Que puis-je faire pour toi ?*
Enfant : *Je veux que tu lui parles, que tu lui dises que je l'aime, mais je ne veux plus qu'elle soit comme ça avec moi, à toujours me dire que je sois dans le cœur.*
Adulte : *Est-ce que ça va pour toi ?*
Enfant : *Non.*
Adulte : *Pourquoi ?*
Enfant : *Je veux que tu lui dises de me regarder tel que je suis, de me prendre tel que je suis. Je veux que tu lui dises qu'elle arrête d'intervenir comme ça à chaque fois qu'elle croit que je ne suis pas centré, pas dans la conscience, pas dans le cœur, je ne veux plus qu'elle intervienne en réaction, je suis d'accord pour qu'elle m'en parle mais, plus tard, dans un moment qu'on choisira ensemble pour discuter...*
Adulte : *Bien, je vais lui parler et lui dire que tu ne veux plus qu'elle intervienne comme ça à chaque fois qu'elle croit que tu n'es pas centré, pas dans la conscience, pas dans le cœur... Je lui dirai qu'elle arrête de réagir et que tu es d'accord pour discuter avec elle, mais dans un moment que vous aurez choisi ensemble pour discuter. Est-ce que ça te va bien comme ça ?*
Enfant : *Oui cela me va !*

➔ On voit bien ici le mélange des genres, ce n'est pas le discours d'un petit enfant, ce ne sont pas ses mots, il faut chercher ce rapport simple aux choses pour identifier clairement les besoins et y répondre !

Exemple 4
Adulte : *Comment ça va, qu'est-ce qui se passe ?*
Enfant : *Je suis victime d'injustice, je fais des efforts, je n'ai jamais de récompense.*
Adulte : *Peux-tu m'en dire plus ?*
Enfant : *J'étouffe, pas d'espace pour jouer librement, trop de craintes, trop d'interdits, trop de menaces, dès que je m'amuse, les autres m'attaquent.*
➔ Très intellectuel, ce ne sont pas les mots d'un enfant !

Nous devons impérativement être vigilants dans les phases d'apprentissage du dialogue intérieur, car quelquefois, ce n'est pas l'enfant qui parle.

8.5 : Un adulte absent

Exemple 1
Adulte : *Bonsoir, comment te sens-tu ?*
Enfant : *J'ai peur.*
Adulte : *Peux-tu m'en dire + ?*
Enfant : *Je me sens faible, effrayée.*
Adulte : *Peux-tu m'en dire plus ?*
Enfant : *Maman, j'ai peur.*
Adulte : *De quoi as-tu peur ?*
➔ non, il faut rassurer immédiatement !
Enfant : *Des monstres, des méchants.*
Adulte : *Peux-tu m'en dire plus ?*
➔ non, il délire et il faut le recadrer sinon cela ne mènera nulle part.
Enfant : *J'ai peur d'avoir mal.*
Adulte : *Que puis-je faire pour toi ?*
Enfant : *Protège moi, aime moi.*
Adulte : *Je te promets de t'écouter, de te protéger et de t'aimer dorénavant ?*
➔ trop court, trop minimaliste, il faut sur-doser.

Exemple 2
Adulte : *Bonjour, comment ça va ?*
Enfant : *Peur.*
Adulte : *Peux-tu m'en dire plus ?*
Enfant : *Peur, colère.*
Adulte : *Peux-tu m'en dire plus ?*
➔ non, il faut rassurer immédiatement, le fait que l'adulte ne réagisse pas insécurise encore plus l'enfant.
Enfant : ……
Adulte : *Peux tu m'en dire plus ?*
Enfant : *Je suis en colère.*
Adulte : *Qu'est-ce qui te met en colère ?*

Enfant : *Triste. Je suis une petite fille abandonnée. Personne ne m'aime. Personne ne s'intéresse à moi.*
Adulte : *Peux-tu m'en dire plus ?*
➔ non, il faut rassurer immédiatement, le fait que l'adulte ne réagisse pas insécurise encore plus l'enfant.
Enfant : *Je suis malheureuse, malheureuse, malheureuse.*
Adulte : *Peux-tu m'en dire plus ?*
Enfant : *... "pleurs".*
Adulte : *En quoi puis-je t'aider ?*
Enfant : *Aime-moi, apprend-moi*
Adulte : *En quoi puis-je t'aider ?*
Enfant : *Je veux être grande et forte*
Adulte : *Je t'aime de tout mon cœur et je suis là pour toi.*

Exemple 3
Adulte : *Bonjour, comment vas tu ?*
Enfant : *Je suis là.*
Adulte : *Comment te sens-tu ?*
Enfant : *Je me sens petite, toute petite.*
Adulte : *Peux-tu m'en dire plus ?*
Enfant : *Je veux disparaître, me mettre en boule.*
Adulte : *Peux-tu m'en dire plus ?*
➔ Non, il faut intervenir ! Qu'est-ce que tu me racontes ? Pourquoi veux-tu disparaître maintenant que je suis là, moi, j'ai besoin de t'entendre, j'ai besoin de toi pour faire, parle moi.
Enfant : *C'est dur, j'ai envie d'être consolée.*
Adulte : *Peux-tu m'en dire plus.*
Enfant : *Je suis là mais je ne suis pas là. Ça fait mal.*
Adulte : *Que puis-je faire pour toi ?*
Enfant : *Te laisser aller, danser, rigoler, arrêter d'être triste.*

Adulte : *Je vais arrêter d'être triste. Je vais rigoler. Je vais danser.*
➔ **L'adulte est absent et de fait c'est comme si l'enfant était seul au monde, cela l'insécurise fortement et l'enfant peut aller dans tous les sens. L'adulte n'obtiendra pas l'information du besoin de l'enfant et ne pourra donc rien faire.**

8.6 : Un adulte trop timide.
Dans un premier temps, il vaut mieux sur-doser la partie adulte, voire 2 à 4 fois plus de mots que l'enfant afin que ce dernier prenne confiance et soit encouragé à dire.

1er exemple
Adulte : *Comment ça va, qu'est-ce qui se passe ?*
Enfant : *Je suis là, j'ai toujours été là, je me sens seul.*
Adulte : *Peux-tu m'en dire un peu plus ?*
Enfant : *Je me sens seul, j'ai besoin que tu me considères, j'existe !*
Adulte : *Peux-tu m'en dire un peu plus ?*
Enfant : *Je te parle mais tu ne m'écoutes pas.*
Adulte : *Peux-tu m'en dire un peu plus ?*
Enfant : *J'aimerais que tu sois là, que tu me prennes par la main, on a tant de choses à partager, ne m'oublie pas.*
Adulte : *Ok, dorénavant je vais faire attention à toi, je te le promets.*
➔ **Il faut lui mettre plus de mots** : *as-tu autre chose à me dire ?*
Enfant : *Oui, regarde-moi, écoute-moi, j'ai toujours été là.*
Adulte : *Ok, je vais apprendre à t'écouter même si c'est encore difficile pour moi.*
➔ **Non, dites-lui que vous êtes en phase d'apprentissage, mais que vous allez vous engager dans cette démarche...**
Je prends l'engagement de t'écouter, est-ce que ça te va ?
Enfant : *Oui ça me va.*

Adulte : *Ok je m'arrête là pour aujourd'hui, je reviens demain.*

2ᵉ exemple

Adulte : *Comment ça va, qu'est ce qui se passe ?*
Enfant : *Je me sens seul, abandonné dans un coin.*
Adulte : *Peux-tu m'en dire un peu plus ?*
Enfant : *J'étouffe, je manque d'air, j'ai envie de sortir.*
Adulte : *Peux-tu m'en dire un peu plus ?*
Enfant : *J'aimerais que tu m'écoutes davantage, que tu prennes soin de moi.*
Adulte : *Tu as quelque chose à me dire ?*

➔ **Non, répondez-lui !**

Enfant : *Oui souvent je te dis des choses et tu les rejettes.*
Adulte : *Tu aimerais que j'écoute vraiment ce que tu me dis et j'ai du mal à le faire.*

➔ **Non, insistez sur la phase d'apprentissage**
   car ce que tu me dis me fait peur des fois.

➔ **Non, car si l'adulte a peur l'enfant ne peut pas être sécurisé**
   mais je m'engage à prendre en considération tes remarques

➔ **Dites-lui plus !!!**

Enfant : *Oui c'est ça, prends note de ce que je te dis ou t'envoie comme message.*
Adulte : *Ok je vais faire attention à toi, as-tu autre chose à me dire ?*

➔ **Pas assez ! il faut lui en dire plus !**

Enfant : *Oui, tu demandes trop souvent l'avis des autres pour décider de ce que tu dois faire alors que tu n'as pas besoin de ça.*

➔ **Ça c'est pas vraiment un enfant.**

Adulte : *Je sais et j'y travaille, je sais que les réponses sont en moi et que tu es là aussi pour me guider, alors je vais tâcher de me faire confiance et te faire confiance, je vais tout faire pour.*
Enfant : *Ok.*
Adulte : *Bon je te dis à demain et te remercie pour ce dialogue.*
Enfant : *Ok à demain.*

3ᵉ exemple

Adulte : *Es-tu là, veux-tu me parler ?*
Enfant : *Oui je suis là.*
Adulte : *Comment ça va, qu'est-ce qui se passe ?*
Enfant : *J'ai envie d'avoir plus de place.*
Adulte : *Peux-tu m'en dire un peu plus ?*
Enfant : *Tu commences à faire attention à moi, c'est bien ça me plaît et j'aimerais que ça continue.*
Adulte : *Ok je vais continuer, as-tu autre chose à me dire ?*
Enfant : *J'ai peur.*
Adulte : *Peux-tu m'en dire un peu plus, peur de quoi ?*
Enfant : *Peur que tu arrêtes de faire attention à moi.*
Adulte : *Ok, je te promets de toujours continuer à faire attention à toi, même si c'est encore difficile pour moi, je ne baisserai pas les bras, c'est ok pour toi ? revoir formulation ?*
➔ **Vraiment pas assez !**
Enfant : *Oui c'est ok.*
Adulte : *Autre chose ?*
Enfant : *Non c'est tout pour aujourd'hui.*
Adulte : *Ok à demain alors.*
Enfant : *À demain.*

L'adulte doit SUR-DOSER surtout au début de cet apprentissage. Trois mots d'adulte pour un mot d'enfant peut donner une idée de la quantité. L'enfant doit avoir confiance pour donner de l'information et parler.

SURDOSER L'ADULTE :

= 1 MOT D'ENFANT POUR 3 MOTS D'ADULTE !

8.7 : Confondre l'enfant intérieur avec vous quand vous étiez petit enfant.

<u>Exemple 1</u>

Adulte : *Comment ça va aujourd'hui ?*
Enfant : *Ça va bien ! Pourquoi n'es-tu pas venu me voir ces 2 derniers jours ? J'étais très triste…*
Adulte : *Je suis désolée ma petite chérie. Je suis partie pour le travail et j'étais très fatiguée hier à mon retour.*
Enfant : *Pourquoi tu ne l'as pas dit ? Je ne le savais pas, moi !*
Adulte : *Tu as raison, j'aurai dû te prévenir. Je suis vraiment désolée. Mais comment vas-tu ?*
Enfant : *Je suis contente parce que maintenant je me sens mieux quand je suis avec les autres enfants. Maintenant je suis capable d'aller jouer avec eux, j'ai moins peur. C'est toi qui m'as aidée à faire ça !*
Adulte : *Oui mais c'est quand même toi qui l'a fait ! Je sais que maintenant tu peux te débrouiller seule comme une grande.*

➔ **L'enfant intérieur est la partie de vous qui sens, cette partie-là ne va pas jouer avec d'autres enfants. Le but du dialogue est de trouver l'information sur les besoins !**

Enfant : *Je ne sais pas ! Mais je suis contente de l'avoir fait !*
Adulte : *Tu veux aller jouer avec les enfants ?*

➔ **Non, confusion entre l'enfant intérieur et vos souvenirs de vous petit enfant. L'enfant intérieur est la partie de vous qui sent aujourd'hui, là tout de suite ; afin que vous sachiez quoi faire pour être en accord avec vous. Et la suite vous amènera donc nulle part !**

Enfant : *Non ! J'ai aussi envie de me reposer, maman veut que je travaille tout le temps : je dois faire des choses pour l'aider et je dois travailler à l'école.*
Adulte : *Et toi ça te fatigue, c'est pour ça que tu veux te reposer ?*
Enfant : *Ce n'est pas juste, elle veut que je travaille tout le temps et elle veut ne jamais jouer !*

Adulte : *Tu as envie qu'elle joue avec toi ?*
Enfant : *Oui ! Mais elle ne sait pas jouer ! Elle n'a jamais joué avec moi !*
Adulte : *Et ça te fait quoi à toi que maman soit comme ça ?*
Enfant : *Ça me rend triste, je veux plus faire ce qu'elle me demande, je veux juste qu'on joue ensemble !*
Adulte : *Tu veux qu'on joue toutes les 2 ?*
Enfant : *Oui ! À quoi ?*
Adulte : *Aux devinettes par exemple !*
Enfant : *D'accord !*
Adulte : *Veux-tu commencer ?*
Enfant : *D'accord ! Mais je n'ai pas d'idées... Je n'ai pas l'habitude !*
Adulte : *Prends ton temps.*
Enfant : *Hummmmm... Bon, c'est un animal qui a une coque et avance lentement ?*
Adulte : *Un escargot, peut-être !*
Enfant : *C'était trop facile !*
Adulte : *C'est bien !*

Exemple 2

Adulte : *Bonjour Ma petite Chérie ! Comment ça va aujourd'hui ?*
Enfant : *Ça va bien parce que tu es là !*
Adulte : *Je suis contente alors. Tu aimes quand je suis là ?*
Enfant : *Oui, je ne suis pas toute seule !*
Adulte : *Ça te fait quoi quand tu es toute seule ?*
Enfant : *Souvent j'ai peur ! On ne vient jamais me chercher à l'école, maman finit trop tard. Je ne peux même pas rester à l'étude parce qu'elle finit trop tard pour l'étude aussi.*
Adulte : *Donc à quelle heure rentres-tu de l'école ?*
Enfant : *Quand l'école est finie, à 4 h 30.*
Adulte : *Et que fais-tu quand tu rentres à 4 h 30 ?*

Enfant : *Souvent j'ai peur sur le chemin. Maman me dit de ne parler à personne et que je dois me dépêcher !*
Adulte : *Et qu'est-ce que tu fais quand tu rentres à la maison ?*
Enfant : *Je prends vite l'ascenseur... Là aussi j'ai peur ! Quand je suis à la maison, je mange et je regarde la télé !*
Adulte : *Tu ne fais pas tes devoirs ?*
Enfant : *Non ! J'ai déjà été à l'école toute la journée ! De toute façon personne ne regarde mes devoirs. Papa et maman, ils s'en fichent.*
Adulte : *Qu'est-ce qui se passe quand papa et maman rentrent ?*
Enfant : *Maman, fait à manger et papa, regarde la télé. Après ils mangent et maman, regarde la télé et papa, va se coucher. Mais moi, je ne mange pas souvent avec eux parce que j'ai trop mangé avant, alors j'ai plus faim !!!*
Adulte : *Et qu'est-ce qu'ils te disent eux ?*
Enfant : *Ils ne sont pas contents !*
Adulte : *Comment aimerais-tu que cela se passe toi ?*
Enfant : *Je voudrais bien que ma maman vienne me chercher pour goûter et faire mes devoirs avec elle. Ce serait bien !*
Adulte : *Oui ma chérie ! Laisse-moi t'embrasser très fort.*

➔ **Même souci : confusion entre l'enfant intérieur et vos souvenirs de vous petit enfant. L'enfant intérieur est la partie de vous qui sent aujourd'hui, là tout de suite ; afin que vous sachiez quoi faire pour être en accord avec vous.**

➔ **Puis en ne reprenant pas la phrase du protocole : peux-tu m'en dire un peu plus ? Vous induisez un certain nombre de choses qui peuvent écarter l'enfant de ce qu'il a à dire.**

Exemple 3
Adulte : *Comment vas-tu aujourd'hui ?*
Enfant : *Bien, mais je suis un petit peu énervée !*
Adulte : *Pourquoi ?*
Enfant : *Parce que maman, ne fait pas pareil avec ma petite sœur !*
Elle, elle a le droit d'aller au centre aéré et d'aller à des anniversaires !
Adulte : *Et toi ?*
Enfant : *Moi je n'y vais pas !*
Adulte : *Et pourquoi ?*
Enfant : *Je ne sais pas ! Ma sœur, elle a de la chance, maman s'occupe d'elle et elle l'emmène à des anniversaires !*
Adulte : *Tu aimerais y aller toi aussi ?*
Enfant : *Mais je ne peux pas, je ne suis pas invitée ! De toute façon, on s'en fiche de moi. Ma maîtresse de CP, elle s'occupait pas de moi, elle me laissait toute seule, je ne pouvais pas faire comme les autres !*
Adulte : *Comment ça ?*
Enfant : *Mme X, elle ne voulait pas ...*
Adulte : *Et qu'est-ce que disaient papa et maman ?*
Enfant : *Rien, ils écoutaient la maîtresse ! Alors j'ai fait un autre CP avec une maîtresse très gentille, je suis bien avec elle !*
Adulte : *Tant mieux alors ! Laisse moi te faire un gros câlin !*
Enfant : *Oui ! Merci.*

➔ **Non, encore confusion entre l'enfant intérieur et vos souvenirs de vous petit enfant. L'enfant intérieur est la partie de vous qui sent aujourd'hui, là tout de suite ; afin que vous sachiez quoi faire pour être en accord avec vous. Et forcément ce dialogue conduit nulle part!**

LE BUT DU DIALOGUE AVEC L'ENFANT INTERIEUR qui est NOTRE PARTIE QUI SENT, RESSENT, C'EST DE CONNAITRE NOS BESOINS AFIN D' AGIR ET D'Y REPONDRE, D'ETRE EN ACCORD AVEC NOUS-MEME.
L'on pourrait très bien ne pas passer par la dissociation enfant intérieur/adulte, et rester avec deux questions : 1/qu'est ce que je sens ? et 2/que puis-je faire ? C'est ce que vous ferrez certainement par la suite.
Mais c'est souvent plus facile avec la dissociation qui permet de comprendre et de répondre plus facilement.

L'avantage de la dissociation enfant/parent est qu'elle nous permet de savoir tout de suite quelle attitude à avoir : faire ou dire.

Si cette dissociation enfant/parent est trop complexe pour vous et vous embrouille plus que cela ne vous simplifie ce dialogue, vous pouvez essayer ceci :
1/ qu'est ce que je sens ?
2/ en étant plus précis ? (qu'est-ce que je sens)
3/ en étant plus précis ? Etc. jusqu'à ce que ce soit clair.
4/ que puis-je faire ? (faire ou dire)
L'important est d'avoir accès à cette partie de nous qui sait, en vérifiant : EXPANSION OU RÉDUCTION !

8.8 : l'enfant Empereur tyrannique manipulateur qui dévaste l'adulte

Exemple d'Émilie
Adulte : *bonjour comment ça va ?*
Enfant : *tu sais bien c'est l'horreur*
Adulte : *tu peux m'en dire plus ?*
Enfant : *au-delà de la tristesse... (pleurs) désespoir*
Adulte : *calme toi, je suis là, dis m'en plus*
Enfant : *je veux arrêter de souffrir et ma souffrance est pire, elle explose*
Adulte : *tu peux m'en dire plus ?*
Enfant : *tu as essayé hier de calmer ma panique mais c'était tellement violent pour moi d'être rejetée, abandonnée à nouveau, de me retrouver la seule qui ne reçoit pas ce que j'aurais dû recevoir, la seule, isolée, rejetée, quelle injustice, nouvelle punition pourquoi ?*
Adulte : *on en a parlé hier, tu semblais apaisée, calmée, rassurée, capable d'attendre sans souffrance le moment où tu recevrais cette information, qu'est ce qui s'est passé ?*
Enfant : *oui mais la phrase de Thierry hier au resto me disant d'un air pincé et agacé comme celui de ma mère « toi qui fait toujours des remarques... » Je l'ai pris comme une gifle : je ne fais pas bien, je ne suis pas assez bien, je fais mal, et la phrase du thérapeute qui me disait : casses toi !*
Adulte : *mais non la phrase c'est « reste chez toi en paix »*
Enfant : *oui c'est ça : casse-toi, tu nous emmerdes.*
Adulte : *Arrête, je...*
Enfant : *tu te rends compte ! Je ne veux plus souffrir, c'est ta punition, elle sera permanente. C'est dégueulasse (pleurs, sanglots)*
Adulte : *écoute-moi, respire profondément, calme-toi, je suis là, je te protège.*
Enfant : *stop tu n'arrives pas à empêcher que cela se reproduise, c'est comme une punition éternelle.*
Adulte : *tu sais c'est difficile pour moi, j'apprends à t'écouter et je ne sais pas toujours te rassurer, t'aider et là, la situation ne m'aide pas car les coups s'enchaînent à un rythme rapide mais je sais que l'on devient plus fortes ensemble chaque jour un peu plus. Et un point important sur lequel il faut te concentrer c'est le point qu'on a compris ensemble cette*

nuit : « *retenu, reste chez toi, tu fais toujours des remarques* », ça ne s'adresse à ta vraie nature passionnée qu'il faudrait étouffer parce que tu n'es pas comme il faut, ce n'est pas ça, c'est cette reproduction de l'enfant battu qui bat à son tour. Ces phrases assassines qui sortent de notre bouche ce sont celles que l'on a subies toute notre enfance, c'est cette reproduction qu'il faut éradiquer, ce sont les mots acides et permanents de notre mère, alors c'est ce que veut dire « retenu » ou « reste chez toi » même si la tournure a une formulation maladroite qui a pu te blesser. Ce n'est pas un rejet, entends-tu là ?
Enfant : *ça tape trop là où je suis à vif, je n'arrive pas, j'ai trop mal, ils me font trop mal.*
Adulte : *calme-toi je suis là, je te protège.*
Enfant : *CE N'EST PAS VRAI, tu vois bien que tu n'y arrives pas. Pourquoi faut-il que je sois toujours punie, j'en peux plus !*
Adulte : *je ne veux pas démissionner mais j'ai du mal, c'est vrai, je te jure que je fais au mieux car j'entends tes souffrances et je voudrais avoir les mots justes qui t'apaisent, sois indulgent.*
Enfant : *mais je ne peux pas être indulgent, tu vois pas à quel point j'ai mal ? Je veux que ça s'arrête.*

Conclusion : l'adulte s'est complètement fait déborder et dans ce cas particulier, qui peut souvent être le cas des gens humiliés, l'enfant alimente sa blessure et entretient sa souffrance en se faisant encore mal, en continuant à se détruire et dans ce cas, manipule l'adulte en brouillant les pistes, en mélangeant, en détournant les mots, en manipulant, en maintenant une confusion entre toute critique et <u>les phrases assassines de sa mère qui l'ont humiliée toute sa vie</u>. Tout le travail de l'adulte est de lui demander de ne plus faire de confusion entre la blessure ancienne qui peut être réactivée à chaque remarque critique de n'importe qui et le nouveau qu'il peut accueillir comme tous dialogues et le sortir de son impasse.

Exemple d'Émilie avec solution : RECADRAGE D'UN ADULTE FORT !
Adulte : *bonjour, comment ça va ?*
Enfant : *tu sais bien c'est l'horreur.*
Adulte : *tu peux m'en dire plus ?*
Enfant : *au-delà de la tristesse… (pleurs) désespoir.*
Adulte : *calme-toi, je suis là, dis m'en plus.*
Enfant : *je veux arrêter de souffrir et ma souffrance est pire, elle explose*
Adulte : *tu peux m'en dire plus ?*
Enfant : *tu as essayé hier de calmer ma panique mais c'était tellement violent pour moi d'être rejetée, abandonnée à nouveau, de me retrouver la seule qui ne reçoit pas ce que j'aurais dû recevoir, la seule, isolée, rejetée, quelle injustice, nouvelle punition pourquoi ?*

➔ **STOP, STOP, STOP, tu n'as pas été rejetée ! tu as juste été programmée plus tard. Alors arrête de te raconter des histoires, j'y veille maintenant et je ne laisserai personne te rejeter, l'entends-tu ? Est-ce que tu l'entends et peux sentir ma détermination ? Ce ne sera plus jamais comme avant et personne te t'humiliera encore, je te le promets ! (Analyse : il faut une réponse forte de l'adulte, l'enfant doit se sentir contenu, cadré, en, sécurité, sinon, c'est l'ancien qui refait surface et prend le dessus sur l'adulte un peu gentil et pas assez fort)**

Adulte : *on en a parlé hier, tu semblais apaisée, calmée, rassurée, capable d'attendre sans souffrance le moment où tu recevrais cette information, que s'est-il passé ?*
Enfant : *oui, mais la phrase de Thierry hier au resto me disant d'un air pincé et agacé comme celui de ma mère « toi qui fait toujours des remarques… » Je l'ai pris comme une gifle : je ne fais pas bien, je ne suis pas assez bien, je fais mal, et la phrase du thérapeute qui me disait : casse- toi !*

➔ **ARRÊTE ! ne mélange pas tout, ARRÊTE ! Non, la phrase du thérapeute était : « reste chez toi en paix », cela veut dire arrête de t'occuper des autres, de les prendre en charge, d'être leur maman. Ne transforme pas les phrases que tu reçois : CE N'EST PAS LA PHRASE QUE TU AS RECU ! TU TE MENS ! ARRÊTE ! Et ne détourne pas cette phrase pour encore te faire passer comme victime et alimenter ton ancienne souffrance, ce n'est plus d'actualité ! Prends juste les mots comme ils**

t'ont été donnés et ne les détourne pas ! (Analyse : il faut que l'Adulte se mette en colère pour arrêter le délire et à la fois l'angoisse de l'enfant, il faut que l'adulte régule et cadre jusqu'à ce que ce soit entendu par l'enfant, c'est l'adulte qui doit avoir le dessus et surtout quand l'enfant est malin et détourne les mots, manipule, comme pour prendre l'adulte à défaut, continuer à se détruire,
à détruire l'attitude de son adulte qui veut l'aider.)

    Adulte : *mais non, la phrase est « reste chez toi en paix »*
    Enfant : *oui c'est ça : casse-toi tu nous emmerdes.*
    Adulte : *Arrête, je...*
    Enfant : *tu te rends compte, je ne veux plus souffrir, c'est ta punition, elle sera permanente. C'est dégueulasse (pleurs, sanglots).*

➔   (Analyse : il faut retourner au combat, ne pas laisser l'enfant prendre le dessus et souffrir à nouveau) NON, NON, NON, ÇA NE VEUT PAS DIRE ÇA ! Notre problème c'est la dévalorisation et les humiliations de notre mère qui ont fait que nous n'avons trouvé notre valeur que dans les yeux des autres et cela veut aussi dire que c'est toujours l'autre qui a conduit la direction de notre vie, que ce soit pour du bonheur ou du malheur, et il y a eu beaucoup de malheur. Alors aujourd'hui, PLUS PERSONNE NE GUIDERA NOTRE VIE, c'est toi qui me dira ce qui est bon pour toi et moi qui ferai et t'y conduirai, nous ne nous soucierons plus de personnes, c'est ce que veut dire : « reste chez toi en paix ». Je suis là pour veiller sur toi et faire pour toi, plus jamais personne ne décidera à notre place !

    Adulte : *Écoute moi, respire profondément, calme toi, je suis là, je te protège.*

➔   (Analyse : c'est le crescendo, l'adulte par ses réponses pas assez musclées perd pied, l'enfant le sent et appuie plus fort pour inconsciemment se détruire, se faire mal, se punir encore.)

    Enfant : *stop tu 'arrives pas à empêcher que cela se reproduise, c'est comme une punition éternelle.*
    Adulte : *tu sais c'est difficile pour moi, j'apprends à t'écouter et je ne sais pas toujours te rassurer, t'aider et là, la situation ne m'aide pas car les coups s'enchaînent à un rythme rapide mais je sais que l'on devient plus fortes ensemble chaque jour un peu plus. Et un point important*

sur lequel il faut te concentrer c'est le point qu'on a compris ensemble cette nuit : « retenu, reste chez toi, tu fais toujours des remarques », ça ne s'adresse à ta vraie nature passionnée qu'il faudrait étouffer parce que tu n'es pas comme il faut, ce n'est pas ça, c'est cette reproduction de l'enfant battu qui bat à son tour, ces phrases assassines qui sortent de notre bouche ce sont celles que l'on a subies toute notre enfance, c'est cette reproduction qu'il faut éradiquer, ce sont les mots acides et permanents de notre mère, alors c'est ce que veut dire « retenu » ou « reste chez toi » même si la tournure à une formulation maladroite qui a pu te blesser. Ce n'est pas un rejet, entends tu là ?

➔ (Analyse : c'est super mais la régulation arrive trop tard avec un enfant en hyper-colère qui ne peut plus entendre, il faudrait juste arrêter de lui répondre, lui interdire de parler et le prendre dans les bras et le consoler pour revenir à une situation émotionnelle qui lui permette de répondre)

Enfant : *ça tape trop là où je suis à vif, je n'arrive pas, j'ai trop mal, ils me font trop mal.*
Adulte : *calme-toi je suis là je te protège.*
Enfant : *CE N'EST PAS VRAI, tu vois bien que tu n'y arrives pas. Pourquoi faut il que je sois toujours punie, je n'en peux plus !*
Adulte : *je ne veux pas démissionner mais j'ai du mal, c'est vrai, je te jure que je fais au mieux car j'entends tes souffrances et je voudrais avoir les mots justes qui t'apaisent, sois indulgent.*
Enfant : *mais je peux pas être indulgent, tu vois pas à quel point j'ai mal ? Je veux que ça s'arrête.*

9/ QUE DOIT-ON VÉRIFIER OU FAIRE ?

1 – EXPANSION OU REDUCTION ? Est-ce que la décision que je prends m'offre de l'expansion ou aurait plutôt tendance à me réduire ?

Vérifier que c'est bien l'enfant qui parle. L'enfant va toujours chercher l'expansion, ce qui lui offre des espaces de plaisir ou de joie, de liberté, de découvertes ; ce qui ne sera pas toujours possible pour l'adulte et pour des questions principalement matérielles : temps ou situation. Alors l'adulte interviendra pour cadrer l'enfant en lui expliquant. Mais la piste à guetter est : **ce qui va dénigrer ou réduire l'enfant, sera conduit par la vielle tête,** c'est une façon de vérifier si c'est l'enfant qui parle ou la vieille tête qui le fait parler ! Et la vielle tête peut être très maline !

2 - L'enfant parle simplement comme un enfant de 5/10 ans, ses ressentis sont exprimés avec des mots simples : j'aime, je n'aime pas, je suis bien, pas bien, etc. Il ne pense pas, n'a pas de jugement, il ressent et dit !

3 - Ce ne sont jamais des phrases longues.

4 - C'est l'adulte qui dirige le dialogue avec l'enfant pour obtenir les informations, il doit faire preuve d'habileté sans jamais induire :
Exemple :
Adulte : *Comment ça va ?*
Enfant : *Ça va moyen... ?*
Adulte : *Peux-tu m'en dire un peu plus ?*
Enfant : *Tu ne m'as pas défendu quand Marie criait sur moi !*
Adulte : *Tu souhaitais que je crie plus fort ?*
　　　Peux-tu m'en dire un peu plus ?... OUI !

5 - Ne jamais faillir aux engagements que prend l'adulte : ZÉRO DOUBLE-DISCOURS !

L'important est de ne jamais faillir aux engagements que l'on donne à son enfant. Mieux vaut lui dire que pour l'instant, l'on ne se sent pas assez fort pour répondre à sa demande, mais que l'on va se faire aider (en expliquant quand et comment...), ou que ce n'est pas possible pour l'instant...
Sinon, un cercle vicieux va s'installer : l'enfant voit que l'adulte ne tient pas son engagement, recommence à perdre confiance, et risque de ne plus donner d'informations, voire se taire définitivement. Il serait vraiment dommage de faire un travail de reconquête pour refaire parler son enfant, d'y consacrer beaucoup de temps et finalement de réduire à néant tous ces efforts en ne tenant pas ses engagements.

D'autre part, **plus l'adulte fera des choses, jours après jour pour l'enfant, plus l'enfant sera encouragé, et dira ses besoins !**
Dans le temps ce dialogue deviendra instantané.

6 - L'enfant ne doit pas parler mal à l'adulte, et réciproquement.

Exemple :
Adulte : *Comment ça va, qu'est-ce qu'il se passe ?*
Enfant : *Je ne suis pas content !*
Adulte : *Peux-tu m'en dire un peu plus ?*
Enfant : *Quand est-ce que tu vas bouger ton cul ?! Quand est-ce que tu vas réagir ?! Je n'en peux plus ! Tu es minable !...*
L'adulte doit intervenir tout de suite : *Arrête, tu ne me parles pas comme ça, arrête ! Dis-moi seulement ce qui te blesse, mais ne me parle plus comme ça !*
Le respect mutuel est nécessaire au dialogue et au lien. C'est le premier principe, la première règle.

7 - L'adulte peut stimuler l'enfant pour encourager le lien.
Exemple :
Adulte : *Comment ça va, qu'est ce qu'il se passe ?*
Enfant : *Ça va...*
Adulte : *Peux-tu m'en dire un peu plus ?*
Enfant : *Ça va bien...*
Adulte : *Comment c'était hier*
Enfant : *Bien.*
Adulte : *Hé, il va falloir que tu me montres ta joie, as-tu l'impression que ce que j'ai fait pour toi était simple et facile ?*
Enfant : *Non, tu m'as bien défendu.*
Adulte : *Alors ?*
Enfant : *C'était super.*
Adulte : *Tu peux m'en dire un peux plus ?*
Enfant : *Oui, tu as été fort, tu m'as défendu, tu as été là pour moi, tu lui as bien répondu, merci.*
Adulte : *Ah ! je préfère que tu me dises ça. Oui, je t'ai défendu et cela ne fait que commencer, je serai dorénavant là pour toi tout le temps, je vais apprendre tous les jours à te défendre, à faire les choses pour toi, je te le promets, je m'y engage...*

Alors l'adulte va stimuler les réponses et l'enthousiasme de l'enfant et ainsi entamer une dynamique propice à retrouver la joie naturelle de l'enfant chaque fois que l'on répondra à ses besoins. C'est comme un apprentissage, un entraînement. C'est aussi une façon de valider et encourager l'adulte en moi dans ses tâches accomplies. Ainsi tous les deux, nous nous encourageons pour mieux dialoguer. Une réponse enthousiaste de l'enfant va stimuler l'adulte dans ses efforts, et vice versa.

8 - **On peut tout demander à l'enfant pourvu que la question soit simple.** On peut lui demander comment c'était hier, et en se remémorant l'emploi du temps de la journée, il pourra dire si quelque chose ne s'est pas bien passé pour lui ; si cette relation est bonne pour nous ; ce qu'il voudrait faire ce soir.

9 - **L'enfant ne pense pas et ne juge pas, il ressent uniquement et dit ses besoins, il donne l'information.**

10 - **L'adulte ne ressent rien, ne pleure pas, va chercher l'information, guide le dialogue, recadre les réponses de l'enfant pour obtenir l'information de ce qui ne va pas, console, réconforte, rassure, sécurise et agit pour l'enfant.**

11- **Dès que l'enfant dit des mots forts : peur, angoisse, etc., l'adulte doit reprendre le mot et chercher de quelle peur ou angoisse il s'agit. Une fois celle-ci identifiée, il ne doit pas attendre et doit fortement intervenir pour rassurer et sécuriser.**
Quand l'enfant a peur ou est angoissé, il attend le discours du père qui va le sécuriser avec des mots forts, et je dois intervenir tout de suite sans attendre !

12 - **À chacun ses mots : adulte/enfant!**
<u>Exemple</u>
Adulte : *Comment ça va ?*
Enfant : *Bof...*
Adulte : *Peux-tu m'en dire un peu plus ?*
Enfant : *Je me sens triste...*
Adulte : *Peux-tu m'en dire un peu plus ?*
Enfant : *J'ai l'impression qu'on ne fait pas ce qu'on devrait faire.*
➔ L'enfant ne fait pas, il sent seulement, c'est l'adulte qui fait ! Il est très important de ne rien laisser passer dans le dialogue sinon, les pistes

se brouillent, on ne sait plus qui est qui, d'autant plus que l'enfant et l'adulte, c'est la même personne, vous ! L'enfant doit avoir des mots d'enfant et l'adulte des mots d'adulte, aucune confusion de genre !

<u>Autre exemple</u>

Adulte : *Comment ça va ?*

Enfant : *Je ne veux pas faire les choses que je n'aime pas !*

➔ **Stop, c'est l'adulte qui fait, il faut le reprendre tout de suite !**
Hé, c'est moi qui fais pour toi, dis-moi seulement ce que tu sens.

13 - Quand l'enfant est triste, il attend le discours de la mère qui va le réconforter avec beaucoup de chaleur, de bienveillance, et qui va le câliner.

14 - La première des règles est de respecter le protocole des 3 questions : Voici un exemple de protocole non respecté qui va nous emmener nulle part :

Adulte : *Es-tu là ?* **(correction : déjà avec cette phrase, vous l'invitez à aller je ne sais où ! il vaut mieux demander** : *comment ça va, qu'est ce qui se passe ?)*

Enfant : *J'ai peur, je sens des présences.*

Adulte : *Qu'est ce qui te fait peur ?* **(correction : je dois rassurer tout de suite et recadrer ici maintenant : sinon voilà ce qui peut suivre)** :

Enfant: *Le vide, personne, la chaise est vide, tu n'es pas là !*

Adulte : *Tu voudrais que je sois sur la chaise ?* **(correction : pas d'induction)**

Enfant : *Je voudrais que tu sois avec moi.*

Adulte: *Tu trouves que je ne suis pas vraiment là ?* **(correction : pas d'induction :** *tu peux m'en dire un peu plus)*

Enfant : *je suis fatigué(e).*

Adulte : *Qu'est-ce que je peux faire pour toi?* **(correction : nous n'avons pas encore l'information !!!)**

Enfant : *Il faut déjà que tu reviennes.* **(correction : non, recadrer : dans ce cas-là, l'enfant balade l'adulte dans tous les sens et l'adulte ne peut pas avoir l'info sur les besoins de l'enfant)**

15 - Vérifier que chacun reste dans son rôle : L'ENFANT SENT ET L'ADULTE FAIT !
L'adulte ne doit pas sentir ou pleurer et l'enfant ne doit pas faire, penser, ou juger. C'est très important sinon cela va créer une confusion qui va compliquer les choses au lieu de les simplifier via la dissociation.

> **L'ENFANT SENT ET L'ADULTE FAIT !**
>
> **Leur rôle est bien distinct, si il y a mélange des rôles, il y a deux entités et forcément confusion !**
>
> **Alors notre adulte deviendra notre bon parent !**

RAPPEL sur le DIALOGUE AVEC L'ENFANT INTÉRIEUR :
Que doit-on vérifier ?

1/ EXPANSION OU RÉDUCTION ? Tout ce qui va dénigrer ou réduire l'enfant, sera conduit par la vielle tête qui juge, censure, moralise !
2/ L'enfant parle simplement comme un enfant de 5/10 ans.
3/ Ce ne sont jamais des phrases longues.
4/ C'est l'adulte qui dirige le dialogue avec l'enfant pour obtenir les informations, il doit faire preuve d'habileté sans jamais induire.
5/ Zéro double discours !
6/ L'enfant parle correctement à l'adulte et réciproquement.
7/ L'adulte peut stimuler l'enfant.
8/ On peut tout demander à l'enfant pourvu que la question soit simple.
9/ L'enfant ressent uniquement et dit ses besoins, donne l'information, il ne pense pas et ne juge pas.
10/ L'adulte ne ressent rien, ne pleure pas, va chercher l'information, guide le dialogue, recadre les réponses de l'enfant pour obtenir l'information de ce qui ne va pas, console, réconforte, rassure, sécurise et agit pour l'enfant.
11/ Dès que l'enfant dit des mots forts : peur, angoisse, etc., l'adulte doit reprendre le mot et chercher de quelle peur ou angoisse il s'agit et sécuriser par des mots forts comme le ferait un père.
12/ Quand l'enfant est triste, l'adulte doit consoler avec beaucoup de chaleur comme le ferait une mère.
13/ La première des règles est de respecter le protocole des 2 questions sans induire : « comment ça va ? » et « peux tu m'en dire un peu plus ? ». Quand j'aurai l'information, je saurai que faire et j'aurai rarement l'occasion de demander : « que puis-je faire pour toi ? ».

Ce qui est magique, c'est que lorsqu'on répond favorablement aux besoins et demandes de son enfant, nous pouvons immédiatement sentir sa joie, il n'y a pas de décalage.

L'intérêt de ce dialogue intérieur est qu'un temps viendra où votre adulte pourvoira en permanence aux besoins et à la sécurité de votre enfant. Celui-ci se sentira protégé et ne pourra plus jamais être mis en danger. Tout n'est pas toujours possible, mais tout devient différent.

> **MON ADULTE DOIT PARLER A MON ENFANT INTERIEUR COMME LE FERAIT UN BON PAPA OU UNE BONNE MAMAN JUSQU'À CE QUE L'ENFANT ENTENDE !**

> **ALORS L'ENFANT SE SENTIRA SECURISÉ, NE SE SENTIRA PLUS JAMAIS SEUL COMME IL A PU L'ÊTRE DANS SON HISTOIRE, Il NE SOUFFRIRA PLUS COMME IL A SOUFFERT PARCE QUE SON ADULTE RÉAGIRA ; IL SAURA ALORS DIRE OU FAIRE !**

> **LES VIEUX PROGRAMMES VONT VOULOIR CONTINUER A DIRIGER VOTRE VIE, PIRE, ILS POURRONT PARLER A LA PLACE DE VOTRE ENFANT ET VOUS CROIREZ ENTENDRE VOTRE ENFANT, OU PEUT ÊTRE MÊME, VOUS NE SAUREZ PLUS QUI PARLE.**
> Le seul moyen efficace de les débusquer sera de vos poser la question : **EXPANSION OU REDUCTION ?**
> Et vous saurez alors qui parle et pourrez corriger.
> **RETENEZ-BIEN CECI !**

10/ LA PERSÉVÉRANCE ET LA RÉPÉTITION :

Dans cette identification du besoin, il faut parfois, persévérer et c'est la répétition de la phrase : *peux-tu m'en dire un peu plus ?* qui permettra d'y arriver.

Adulte : *Comment ça va, qu'est-ce qui se passe ?*
Enfant : *Silence...*
Adulte : *Comment ça va, qu'est-ce qui se passe ?*
Enfant : *Je suis un peu énervé(e)...*
Adulte : *Peux-tu m'en dire un peu plus ?*
Enfant : *J'ai l'impression qu'on ne me laisse pas tranquille...*
Adulte : *Peux-tu m'en dire un peu plus ?*
Enfant : *C'est toujours pareil et ça m'agace...*
Adulte : *Peux-tu m'en dire un peu plus ?*
Enfant : *J'ai envie de rester seul(e) dans mon monde et je ne peux pas car je dois toujours être là pour les autres.*
Adulte : *Peux-tu m'en dire un peu plus ?*
Enfant : *Je ne sais pas, je souhaiterais juste un peu plus jouer, m'amuser, danser, chanter et les autres m'en empêchent.*
Adulte : *Peux-tu m'en dire un peu plus ?*
Enfant : *Quand je n'ai pas envie, je n'ai pas envie !*
Adulte : *Peux-tu m'en dire un peu plus ?*
Enfant : *Il fallait quelqu'un pour se charger de ramener les affaires de Jean et tu t'en es chargé(e).*
Adulte : *Que puis-je faire pour toi ?*
Enfant : *Dire NON quand je n'ai pas envie de quelque chose.*
Adulte : *Bien, je te promets qu'à partir d'aujourd'hui, à chaque fois que tu me feras un signe, je dirai non à ce qui nous est proposé, c'est ok pour toi ?*
Enfant : *Je suis content(e) de savoir que tu seras avec moi, à deux on devrait y arriver.*

11/ L'IMPORTANCE DE S'EN TENIR AU PROTOCOLE : NE PAS INDUIRE, RECADRER !

Si vous restez sur la phrase : « peux-tu m'en dire un peu plus », vous éviterez les inductions et aussi que l'enfant réponde dans tous les sens.

Exemple 1 d'induction
Adulte : *Comment ça va ?*
Enfant : *Ça va moyen...*
Adulte : *Peux-tu m'en dire un peu plus ?*
Enfant : *Tu ne m'as pas défendu quand Marie criait après moi.*
Adulte : *Tu souhaitais que je crie plus fort ?*
➔ **Non, je n'induis pas, je laisse l'enfant dire.**

Exemple 2 d'induction
Adulte : *Comment ça va ?*
Enfant : *Je ne veux pas faire les choses que je n'aime pas !*
Adulte : *Mais pourtant on doit les faire !*
➔ **Non, c'est une induction ! D'abord pourquoi devrait-on les faire ? La seule chose qui compte est de chercher l'information.**

Exemple 3 d'induction
Adulte : *Comment ça va ?*
Enfant : *Tu m'énerves !*
Adulte : *Qu'est-ce que j'ai fait pour t'énerver ? **(vous induisez que vous avez fait quelque chose, il vaut mieux rester sur : peux-tu m'en dire un peu plus ? !)***
Enfant : *Tu ne fais jamais ce que je te demande.*
Adulte : *Jamais ? **(il vaut mieux rester sur : peux-tu m'en dire un peu plus ?)***
Enfant : *Oui, jamais ! Tu écoutes les autres qui t'obligent mais moi, tu ne m'écoutes pas.*
Adulte : *Qu'est-ce que tu veux que je fasse par exemple ?*

(il vaut mieux rester sur : peux-tu m'en dire un peu plus ?)
Enfant : *Des trucs !*
Adulte : *Quoi ?*
Enfant : *Par exemple méditer ahahah !*
➔ **En sortant du protocole, l'enfant vous balade !**
➔ **Il faut recadrer pour avoir la bonne information.**

<u>Exemple de recadrage 1</u>
Adulte : *Comment ça va ?*
Enfant : *Bof...*
Adulte : *Peux-tu m'en dire un peu plus ?*
Enfant : *Je me sens triste...*
Adulte : *Peux-tu m'en dire un peu plus ?*
Enfant : *C'est un gâchis !*
Adulte : *Quel gâchis ?*
Enfant : *Je ne sais pas...*
Adulte : *Mais si tu ne sais pas, comment puis-je t'aider ?*
Non, il faut recadrer, l'enfant sait mais ne veut pas dire, il faut le confronter : « *Stop, cela ne me va pas, si tu veux que je fasse quelque chose pour toi, il faut me dire de quel gâchis est-il question !* » **et je reste là-dessus tant que je n'ai pas ma réponse.**
Enfant : *Je ne sais pas bordel, tu m'énerves, tu vas mourir et tu fais quoi de ta vie. Où est le fun, l'exploration, la découverte ?*
Stop, il faut intervenir : « *hé arrête, je suis là pour t'aider, répondre à tes besoins, de quoi me parles-tu, pourquoi m'embrouilles-tu, je veux juste savoir ce qui ne va pas, là maintenant !* **Sinon, l'enfant va vous balader, la seule chose qui compte c'est d'avoir l'information pour y répondre !**
Adulte : *Qu'est-ce que tu veux faire ?*
➔ **Non, l'enfant ne fait pas, c'est l'adulte qui fait !**
Enfant : *Je ne sais pas, un truc !*
Adulte : *Bien, redis-moi quand tu sauras !*

Voilà une succession de petites erreurs qui ne nous amène nulle part, nous n'aurons aucune information sur les besoins de notre enfant !

> Le but du dialogue avec l'enfant est d'obtenir des informations sur nos besoins. Pour cela il sera nécessaire de recadrer, de guider comme nous venons de le voir, les réponses de notre enfant. Le fait d'utiliser la phrase ; « peux-tu m'en dire un peu plus » est à privilégier car elle évite d'induire. Mais quelque fois il faut reprendre un mot de l'enfant pour voir ce qu'il y a derrière, afin que nous ayons la bonne information pour agir et comprendre.

Exemple d'un dialogue non recadré par l'adulte, avec des inductions régulières de l'adulte et un mélange de rôles adulte/enfant, tout se mélange :
Adulte : *Qu'est-ce qui se passe?*
Enfant : *Je ne veux pas faire les choses que je n'aime pas.*
Adulte : *Mais pourtant on doit les faire.*
Enfant : *Je ne veux pas et tu te débrouilles toujours pour les faire.*
Adulte : *Oui mais on a des problèmes.*
Enfant : *On s'en fout.*
Adulte : *Tu sais bien que non, je me sens mal de ne pas faire les choses et les personnes autour de moi se plaignent du fait que je ne fais que ce que je veux.*
Enfant : *Et alors ?*
Adulte : *Il faut que tu grandisses car je n'en peux plus.*
Enfant : *Pourtant tu ne te débrouilles pas si mal, tu trouves toujours des solutions.*
Adulte : *Je suis fatigué(e), je n'ai pas l'impression que l'on travaille ensemble.*
Enfant : *Tu es capricieux(e).*

Adulte : *C'est cela ! Maintenant c'est de ma faute...*
Enfant : *Je ne comprends pas ton besoin.*
Adulte : *Je ne supporte pas d'être esclave.*
Enfant : *Et pourtant tu demandes cela aux autres pour toi...*
Adulte : *C'est con, car j'aime les autres mais je ne les supporte pas.*
Enfant : *Peut-être pourrais-tu associer les choses que tu fais à quelque chose de positif comme par amour par exemple...*
On ne sait pas qui est qui !

> **Rester sur le protocole est la meilleure façon de diriger le dialogue intérieur !**

Une autre technique pour obtenir l'information consiste à reprendre des mots forts que dirait l'enfant.

12/ INSISTER SUR LES MOTS FORTS :

Par exemple :
Adulte : *Comment ça va ?*
Enfant : *Mal !*
Adulte : *Peux-tu m'en dire un peu plus ?*
Enfant : *J'ai peur...*

➔ Si j'interviens avec la phrase : « peux-tu m'en dire un peu plus », je risque de perdre l'information, il faut alors que je reprenne le mot que je souhaite éclaircir :
Adulte : *Peur de quoi, de qui ?*
Sinon, l'enfant peut vous emmener sur une autre piste.

Nous devons impérativement être très vigilants dans les phases d'apprentissage du dialogue intérieur, car quelques fois, ce n'est pas l'enfant qui parle. Bien sûr, la difficulté est que l'enfant et l'adulte sont la même personne.

13/ COMMENT SECURISER L'ENFANT, PEURS, ANGOISSES, STRESS ?

> Dés que je sens ou entend les mots : PEURS, ANGOISSE, STRESS, je sécurise IMMEDIATEMENT mon enfant : main sur ventre et je lui parle **TOUT DE SUITE** et **AUSSI LONGTEMPS** que cela sera nécessaire jusqu'à sentir l'apaisement. Avec le temps cela prendra moins de temps !

Comment procéder ?

Nos parents auraient dû nous apprendre à nous sécuriser, comme ils ne l'ont pas fait ou pas suffisamment, c'est à nous d'apprendre à le faire !
1/ je mets ma main le plus tôt possible sur mon ventre, ou je serre une de mes mains comme je prendrai la main d'un petit enfant, le mien bien sûr.
2/ je parle à mon enfant avec des mots FORTS A VOIX HAUTE (si je peux), je surdose :

« Tu n'as plus à avoir peur, je suis là, tu ne seras plus jamais en danger, tu ne seras plus jamais seul(e), je suis là maintenant et je ferai ce qu'il faut pour que tu sois en sécurité, je suis là. Tous les jours j'apprends à te défendre, à pourvoir à tes besoins et tu peux le constater, ce n'est qu'un début et cela ne va pas s'arrêter. Je te le promets, tu peux me faire confiance, mieux, tu peux le mesurer tous les jours.
Je suis là pour te protéger et tu es ma priorité, je vais m'y engager tous les jours et si un jour je ne suis pas au top, ce qui est possible, je te promets de faire mieux la prochaine fois. Je te demande juste de ne pas douter de mon engagement et que tu continues à me guider ; fais-moi confiance. Parle-moi et je ferai pour toi ! Ce processus du Papillon est le plus grand engagement que j'ai pris dans ma vie et je l'ai pris pour nous.
Il est question de notre renaissance. Tu ne seras plus jamais seul(e) et je suis là pour m'occuper de toi et te défendre. Peux-tu me faire confiance ? »

C'est un exemple à se réapproprier avec ses mots ou à utiliser tel quel !

> Si la réponse de l'enfant n'est pas claire, je reformule et lui parle à nouveau.
> Les mots doivent être dits et redits jusqu'à ce qu'ils soient entendus !!!
>
> ## MON ADULTE DOIT INTERVENIR
> # IMMÉDIATEMENT,
> ### AVEC DES MOTS FORT,
> ### JUSQU'À CE QUE L'ENFANT L'ENTENDE !

Pour que mon enfant soit en sécurité, plusieurs paramètres vont compter :
1 : intervention immédiate de l'adulte. C'est le paramètre le plus important, sinon, l'enfant peut revivre le stress, le désespoir de sa blessure d'origine : abandon, trahison, rejet, humiliation ou injustice.
Si l'adulte n'intervient pas assez tôt, alors l'enfant va rajouter une autre blessure à la blessure initiale, empêchant ainsi une cicatrisation et surtout avec une conséquence majeure : il alimentera une impossibilité à s'engager pour ne plus prendre le risque de souffrir.
Ce délai d'intervention est capital dans la sécurisation à long terme de l'enfant. Plus il sera court et plus l'enfant retrouvera une sécurité.
2 : main sur le ventre sera le signal physique, l'ancrage pour dire à l'enfant que l'adulte est là et qu'il n'est pas seul.
3/ ensuite les mots doivent être forts et dits aussi longtemps que nécessaire, jusqu'à ce qu'ils soient entendus par l'enfant. Il devra entendre qu'il ne sera plus jamais seul comme il a pu l'être dans son ancienne histoire. Dorénavant son adulte sera là pour lui, l'adulte mère le consolera et l'adulte père le sécurisera avec des mots forts !

SECURISATION ENFANT

Une NOUVELLE ATTAQUE : PAROLE ou ATTITUDE = C'est une BLESSURE QUI REACTIVE LA BLESSURE D'ORIGINE

Si INTERVENTION TARDIVE DE L'ADULTE	Si INTERVENTION IMMEDIATE DE L'ADULTE
▼	▼
= NOUVELLE GRANDE SOUFFRANCE !	= PETITE SOUFFRANCE !

TEMPS QUI PASSE

INTERVENTION ADULTE : Main + mots (côté gauche)

Tout le temps où l'enfant est laissé seul, il revit et ressent, sans forcément le savoir, sa blessure d'origine : abandon, trahison, rejet, injustice ou humiliation.

INTERVENTION ADULTE : Main + mots (côté droit)

Si l'adulte intervient tout de suite : main sur ventre et mots forts jusqu'à ce que l'enfant entende ; l'adulte mère consolera et l'adulte père sécurisera : Alors l'enfant sera touché mais n'aura pas le temps de souffrir et se sentira pas seul comme il a pu se sentir seul dans sa blessure d'origine.
Vous ne serez jamais à l'abri d'une attaque, mais comme vous la parerez le plus rapidement possible, , vous pourrez rester dans l'ouverture par rapport à l'autre.
Alors ce sera possible de s'engager car on ne souffrira plus jamais comme notre première blessure d'origine : abandon, trahison, rejet, injustice ou humiliation.

Ensuite c'est important d'être béton sur la défense des saboteurs, sinon, c'est un double discours.
C'est aussi important d'écrire tous les matins ce que vous allez faire pour votre enfant et vérifier le lendemain matin que vous l'avez fait ! Alors chaque jour l'enfant reprendra confiance, relâchera dans ses peurs, vous fera confiance tous les jours un peu plus, n'aura plus besoin de l'épuisant hyper contrôle, et vous pourrez souffler et vous relaxer. C'est un apprentissage de tous les jours.
Je ne demande plus à mes parents ou à quiconque de me sécuriser, je deviens autonome !

Si les peurs sont encore là, c'est que notre adulte n'est pas assez là.

D'abord il peut être inconsciemment interdit par un des parents, les deux ou vous-même avec un contrat, nous allons le voir plus loin.
Ensuite, zéro place pour les saboteurs sinon c'est le double discours, l'enfant stresse et continue à se dire que l'adulte n'est pas là pour le défendre.

> SI LES PEURS, ANGOISSES, PANIQUES
> SONT ENCORE LÀ
> C'EST QUE MON ADULTE N'EST PAS ASSEZ SECURISANT !
> ALORS IL FAUT CONTINUER
> OU TROUVER DES MOTS PLUS FORTS
> JUSQU'À L'APAISEMENT !

14/ GUÉRIR LA TRAHISON, LE REJET, L'ABANDON ET L'INJUSTICE :

C'est une profonde guérison qui s'annonce...
Nous sommes tous dans notre histoire plus ou moins blessé, et connaissons, une ou plusieurs des cinq grandes blessures initiales : l'abandon, la trahison, le rejet, l'humiliation, l'injustice ; et il est d'ailleurs possible d'en avoir plusieurs.
Pour en guérir, nous devons pardonner. Bien sûr cela ne peut se faire qu'après un temps d'intégration, de deuil.

La première phase est de reconnaître ces blessures, sans les minimiser, c'est un travail de verbalisation, d'exposition, de confier son histoire, de la sortir de soi, de ne plus la garder, d'oser la regarder, la partager.
Mais ce n'est pas suffisant, il va falloir pardonner pour nous libérer.
C'est la deuxième phase, et c'est très important d'intégrer ce qui va suivre.

> Pardonner, ce n'est pas oublier !
> Pardonner c'est à un moment donné, décider de passer à autre chose, de lâcher et se choisir. C'est un choix que l'on fait pour soi, ce n'est pas quelque chose que l'on offre à celui ou celle qui nous a blessé. C'est un cadeau de conscience que nous nous offrons pour nous libérer du poids de la blessure.

Celui ou celle qui ne fait pas ce travail s'inflige la double-peine.

La première, c'est de porter très longtemps le poids de la blessure, parfois des années, voire même de mourir avec et de la transmettre d'inconscient à inconscient à ses descendants.

La deuxième, c'est un genre d'*a priori* que nous perpétuons, de rancœur, de méfiance systématique envers l'autre sexe. C'est comme si, avant même de commencer une relation, il y avait un passif, une addition à régler, une dette, et l'autre va devoir s'en acquitter, alors qu'il n'y est pour rien dans cette blessure. Cela fausse déjà la rencontre. Toute relation naissante est minée. Cela peut être aussi une épée permanente prête à tomber sur l'autre qui va devoir mériter notre confiance trahie.

Et les conséquences de la trahison ou l'abandon vont souvent engendrer une exigence aiguë, inadaptée et négative.

Ce travail de pardon est indispensable pour aller de l'avant, et même si un temps d'intégration, de cicatrisation est nécessaire, la guérison ne peut se produire qu'avec la conscience du pardon.

Cela ne se fait pas en une seule fois, cela demande d'y revenir plusieurs fois, d'autant plus que la blessure est profonde.

Une fois ce temps de digestion passé et ce travail de pardon réalisé, et une fois le dialogue de l'enfant intérieur maitrisé, vous êtres prêt pour la troisième phase : **affronter n'importe quelle blessure nouvelle sans séquelle !**

Cela ne veut pas dire que vous ne serez pas blessé à nouveau, non, mais maintenant votre enfant ne sera plus « seul au monde » pour l'affronter, et cela change tout !

1/ Avec le travail du dialogue intérieur, vous pourrez tout de suite savoir ce qui réactive cette blessure, **vous pourrez prendre conscience que votre nouvelle blessure vient d'ailleurs que de la situation présente et qu'elle réactive une vieille blessure**, souvent la blessure initiale, mais des fois vous pouvez mettre au jour une nouvelle blessure encore non identifiée.
C'est important de trouver cette blessure car ceci permet de comprendre que votre souffrance n'est pas produite par ce qui vient de se passer mais par la situation à l'origine de la blessure, et c'est souvent autour de père, mère.

2/ Ensuite, contrairement à votre histoire où personne n'a été là pour vous protéger, **VOTRE ADULTE SERA AVEC VOUS POUR RÉGULER et GÉRER**, expliquer à votre enfant intérieur, le protéger, réagir, consoler et sécuriser, cicatriser cette nouvelle blessure, et faire face à la situation. C'est cela qui change tout, car cela évite les séquelles.
Bien sûr, plus le délai de réaction de votre adulte sera réduit pour traiter cette nouvelle blessure, moins votre enfant intérieur souffrira.

> **Plus le délai d'intervention de mon adulte pour le protéger est long, plus mon enfant va souffrir !**
> Si je me remémore d'où cela vient, et que je prends conscience que ma souffrance dans cette situation est juste une réactivation d'une vieille blessure et n'a rien à voir avec la situation actuelle tout devient plus léger. (D'où l'importance d'avoir identifié les blessures de base de chacun.)

15/ GUÉRIR DE L'HUMILIATION,

C'est une très bonne nouvelle. La pratique du dialogue intérieur vous permettra d'être instantanément en contact avec vos sensations, d'identifier rapidement, bien sûr le plus tôt possible, dire NON.
Ou, si vous ne l'identifiez pas tout de suite, pouvoir sentir, ressentir, et un temps plus tard, aller corriger une situation pour éviter toute humiliation. Maintenant, vous « êtes grand », vous êtes avec votre adulte qui peut vous défendre et vous faire respecter. Ce n'est plus comme dans votre vieille histoire où souvent vous n'avez pas eu le choix, vous avez été obligé de subir.
C'est la fin de cette profonde et dramatique souffrance aux conséquences multiples, car vous serez en mesure d'identifier l'humiliation et de la refuser.

16/ l'OUTIL « THÉÂTRE » pour l'adulte.,

Oui, la dissociation du dialogue avec l'enfant intérieur n'est pas naturelle, cela signifie que cela doit s'apprendre, sinon vous allez être confronté à votre frein : « je ne le sens pas » et vous aurez du mal à rentrer dans « ce jeu ». Oui, c'est un apprentissage, il faut se forcer, IL FAUT SE FORCER, ouvrir la porte qui est fermée, et ensuite cela sera plus facile. Cette dissociation nous y aide.
Un outil intéressant à utiliser est de **faire du théâtre** – c'est ok, seul le résultat compte – jouer le dialogue, sur-jouer la partie adulte pour cadrer l'enfant, l'encourager à dire, l'emmener avec vous, lui donner de l'élan, et vous pouvez le faire à notre façon, y compris avec humour.

17/ l'OUTIL : « MONTER DANS LE TRAIN » pour l'adulte :

L'autre outil est de **commencer à parler**, monter dans le train, ne pas buter sur le départ, ne pas rester sur le quai. On est toujours d'accord, ce n'est pas naturel, **alors il faut forcer les choses**, ensuite cela sera plus simple. Une fois que les mots de l'adulte arrivent, le discours-se libère, il ne reste plus bloqué. C'est aussi pour cette raison qu'il est bien de l'apprendre afin de le répéter sans cesse jusqu'il soit entendu par l'enfant : « hé, à partir d'aujourd'hui, je serai là pour toi, je vais faire pour toi… »

DEUXIÈME PARTIE : ÉRADIQUER LES PETITES VOIX NÉGATIVES

Ce travail sur l'enfant intérieur ne doit plus être pollué ou détruit par les petites voix négatives que nous pouvons entendre et que nous appellerons : nos SABOTEURS. Vous allez recevoir un formidable cadeau : une technique efficace à 100% pour éradiquer ces petites voix négatives. Aussi incroyable qu'efficace !
Si ce travail n'était pas entrepris, cela signifierait que votre adulte ne défend encore pas votre enfant et ceci contribuerait à lui tenir un double discours : « je prends soin de toi mais je ne fais pas ce qu'il faut ».
Vous pouvez ainsi mesurer toute l'importance de ce type d'objectif qui peut changer des vies : TOLÉRANCE ZÉRO SUR LES SABOTEURS !

Afin d'écarter de notre vie un certain nombre de choses qui nous pèsent et nous embarrassent, nous empêchent d'aller là où c'est bon pour nous, de construire ou plutôt de reconstruire, il faut avant tout NE PAS SE LAISSER POLLUER PAR L'ANCIEN !
Nous allons éradiquer ces petites voix qui reviennent en permanence, qui sont d'une origine bien connue ou pas, et dont le but est de nous dévaloriser, nous diminuer, nous réduire, stopper nos élans, nous empêcher de faire ce qui serait bon pour nous, de vivre et d'être nous-mêmes.

1/ QUE SONT CES PETITES VOIX NÉGATIVES, CES « SABOTEURS » ?

C'est un travail sans relâche que je poursuis dans les programmes de déconditionnement que je conduis.

L'origine est quelquefois inconnue et d'autres fois bien identifiée puisque ces phrases nous ont été données par les principaux facteurs de conditionnement que sont : les parents, la famille, l'éducation, la religion, l'entourage social et les médias. De toute façon, peu importe leur origine, l'essentiel du travail est de les neutraliser et cela va ouvrir une belle porte.

Ces saboteurs sont des programmes bien en place et dont le disque tourne sans cesse. Ils sont très efficaces, à tel point qu'on n'y prête quasiment plus attention, tant ils font partie de nous. Ils sont tellement efficaces, que nous les avons validés, que nous les laissons œuvrer, que nous ne nous rebellons pas ou plus. Ne nous trompons pas : **ce sont des poisons, qui tuent extrêmement lentement.**
Ils attaquent notre confiance et estime de nous et font souvent de monstrueux dégâts.
Le dégât principal des saboteurs est qu'ils bâillonnent notre petite voix intérieure, celle qui pourrait nous dire ce qui est bon pour nous ou pas : celle de l'enfant intérieur dont je viens de parler.

Il n'y a rien de plus nocif et nous ne pouvons pas faire l'économie de ce travail ! Nous devons intervenir à la façon des Samouraïs, car c'est bien d'une guerre à gagner dont il est question
La provenance de ces petites phrases ne doit pas nous distraire de notre mission. Il n'y a pas à comprendre, à donner des excuses ou autre, nous pourrions y consacrer toute une vie, comme j'aime à le dire. Il y a juste à faire, de façon radicale et c'est le but de ma méthode, car nous n'avons plus une minute à perdre, plus une minute à continuer à nous empoisonner, nous laisser polluer !
Si la source principale du conditionnement vient des parents, nous n'avons pas à leur en vouloir, ils ont hérité d'une lignée et ont fait ce qu'ils ont pu ou su ; mais il est temps de s'en affranchir ! Voici la grosse différence de

ce processus du Papillon que je vous propose par rapport à d'autres thérapies : **nous ne travaillerons pas sur la prise de conscience ressentie mais sur la prise de conscience objective pour passer à autre chose, parce qu'il n'y a plus une minute à perdre !**

> Les saboteurs seraient des scorpions insatiables et mutants qui ne meurent jamais et piquent allègrement avec jouissance. C'est la raison pour laquelle, il faut les chasser dès qu'on les aperçoit, sinon ils piquent et repiquent ! Mieux, après avoir été chassés, ils se transforment pour se représenter. Le mot d'ordre est simple : ZÉRO TOLÉRANCE jusqu'à l'extermination définitive !

Et je vais vous révéler **une technique efficace à 100% pour éradiquer ces saboteurs.** Dans tout ce que je propose, je possède une seule recette. Je l'ai reçue de François LEWIN, directeur de l'école de Psychologie Biodynamique, et je l'ai adaptée et systématisée.

Il y a trois types de saboteurs : les saboteurs psychiques, sexuels et physiques. Nous allons les passer en revue en commençant par les premiers.

2/ LES SABOTEURS PSYCHIQUES
Cette liste va vous permettre d'identifier en partie les vôtres.
Par exemple :
Je ne serai pas à la hauteur...
De toute façon je n'y arriverai pas...
Je ne le mérite pas...
Ce n'est jamais comme je veux...
Je vais être ridicule...
Ça ne va pas durer...
Ce n'est encore pas bon...
Encore une fois cela ne me plaît pas...
C'est à cause de moi...
Je ne suis pas aimable...
Je ne suis pas assez important(e)...
Je ne suis pas digne d'intérêt...
Je ne suis pas à ma place...
Je ne le mérite pas...
C'est trop pour moi...
Je suis trop bizarre, il (elle) ne va pas me comprendre...
C'est de ma faute...
Cela ne se fait pas !
Ça ne va pas lui plaire...
Ça n'en vaut pas la peine...
C'est un détail...
Je ne suis pas clair(e)...
Ce n'est pas la peine, car ce n'est pas important...
Je ne vais pas y arriver...
Je vais encore mal faire...
Je vais encore souffrir...
Suis-je sûr(e)?
Je risque de le (la) déranger...

J'ai honte…
Je ne peux pas lui montrer ma fragilité…
J'ai peur d'être rejeté(e)…
Je n'ai pas de chance…
Je n'y arriverai jamais…
Ce sont tous des cons…
Il (elle) ne va pas m'entendre…
Je vais encore mal m'exprimer…
Les autres y arrivent mais pas moi…
Tu n'es pas capable !
Tu n'es pas capable d'attirer quelqu'un !
Ce que je dis n'est pas intéressant…
Va plus vite !
Attends avant de parler !
Tu es nul(le) !
Tu es transparent(e) !
C'est encore raté !
Tu peux mieux faire !
Tu aurais encore dû réfléchir !
Tu l'as bien cherché !
Tu n'as qu'à t'en prendre à toi-même !
Bien fait pour toi !
Ne parle pas pour ne rien dire !
Tu n'as plus l'âge !
Tu es trop vieux (vieille) !
Tu n'es pas assez courageux(se) !
Tu es trop différent(e) des autres !
Tu n'es pas digne d'intérêt !
Je n'arrive pas à m'organiser…
Je ne comprends rien…
Je suis stupide…

Je perds mon temps…
Je n'ai pas la force…
Je n'ai pas assez de talent…
Je vais être mauvais(e)…
Tu ne remonteras pas la pente !
Il n'est pas utile de manger…
Je suis toujours triste…
Je ne serai jamais heureux/se…
Je suis trop laid/e pour lui plaire…
Il faut que je contrôle…
Ça suffit bien pour moi…
Ce n'est pas si mal, même si ce n'est pas ce que je veux…
Je dois m'en contenter…
N'y va pas, laisse tomber !
Ça va être encore pareil…
Ne pleure pas !
Ne ris pas trop fort !
Tu es trop voyant(e) !
Tu es moche !
Sois gentil !
Sois sage !
Oui, mais…
Ce n'est pas pour moi…
Ce n'est pas parfait…
Tu vas te faire du mal pour rien !
Tais-toi !
Ce n'est pas correct…
Qu'est ce qu'on va dire ? …
Je vais encore pleurer…
Je vais être encore bloqué(e) …
Tiens-toi bien !

De toute façon, j'ai raison…
Je ne vaux rien…
N'essaie même pas !
Tu as l'air d'une nouille !
Pour qui tu te prends ?
Ok, tu as réussi mais en es-tu sûr ?
On verra, je ne le fais pas…
Je perds mon temps…
Je ne vais pas pouvoir le dire…
Je ne vais pas pouvoir le faire…
Etc.

Cette liste devrait vous aider à les identifier et peut-être certaines phrases résonneront en vous et vous sembleront très familières.
Ce sont des saboteurs et vous pouvez constituer votre propre liste !

3/ LES SABOTEURS SEXUELS.

Le second terrain de prédilection des saboteurs est le terrain sexuel, le terrain sensible par excellence, celui qui trouve un allié de poids avec la religion.

Par exemple :
De toutes les façons, je ne jouis jamais...
Ça va me faire mal...
Je n'aurai pas d'érection...
Je ne sens rien...
Je n'aurai pas d'orgasme...
Il (elle) aura encore envie...
Il (elle) m'utilise...
Je suis à sa disposition...
On ne va pas se trouver...
Je vais avoir mal...
Je ne vais encore pas oser...
Je ne vais pas demander...
Je ne peux pas faire ça...
Je vais détester être léché(e)... ou lécher...
Je ne peux pas me caresser devant lui (elle)...
Je ne mérite pas qu'il (elle) s'occupe de moi...
Je n'ai pas le droit de me faire plaisir...
Je suis trop compliqué(e)...
À quoi bon lui dire...
Ce n'est pas grave...
Il faut le faire souvent pour qu'il (elle) reste avec moi...
C'est un devoir !
J'ai mal à la tête...
Pas maintenant...
C'est péché !
Ça ne se fait pas !

Je ne peux pas lui demander ça...
C'est dégueulasse d'avaler son sperme !
C'est sale !
Je ne peux pas me mettre dans cette position...
Ce n'est pas mon truc...
Je ne vais pas être à la hauteur...
Mon odeur corporelle ne va pas lui plaire...
Ce n'est pas pour moi...
Je ne serai pas compris(e)...
Je suis mieux seul(e)...
Ne fais pas de bruit !
Je suis maladroit(e)...
Je ne suis pas assez créatif (ve)...
C'est honteux de se masturber !
Je n'ai plus d'énergie...
C'est dégueulasse de sucer...
J'ai peur de ne pas me retenir...
Je n'ai plus de désir...
L'anus c'est sale !
Je vais avoir une infection...
Mon désir est mort, il ne se réveillera pas...
Mes traitements vont casser ma sexualité...
Je ne sens rien...
Je ne suis qu'une vache...
Je vais encore détester qu'il (elle) me lèche...
Je ne suis pas désirable...
Je vais éjaculer tout de suite...
Je vais encore pleurer...
Je ne suis qu'un objet sexuel...
Je ne suis qu'un trou !
Je ne peux pas prendre du plaisir pour moi...

J'ai peur de ne pas avoir d'érection…
Je ne vais pas « bander »…
Mon érection ne sera pas correcte…
Je n'aurai encore pas envie…
C'est dégoûtant !
Je suis fatigué(e)…
Je n'ai pas droit au plaisir…
Etc., etc.

4/ LA TECHNIQUE POUR LES ÉRADIQUER À 100%

Étape 1 : **trouver la phrase « tilt »!**, qui revient en permanence et la noter.
Il est très important que cette phrase soit libellée exactement, car plus tard, c'est son identification instantanée qui pourra déclencher la procédure.
C'est la raison pour laquelle je vous ai donné tous ces exemples.
D'autre part, il est très important que l'identification soit immédiate, sinon, votre adulte ne sera pas en mesure de réagir rapidement pour vous défendre, et c'est votre enfant intérieur qui sera attaqué, blessé, abîmé... encore...
C'est ce que nous allons voir plus tard en deuxième partie.

Étape 2 : **chasser immédiatement le saboteur !**
Je voudrais prendre ici quelques précautions pour ma seule recette et voudrais vous demander toute votre confiance sans aucune réserve ; car le seul inconvénient, c'est qu'elle est très simple au point même d'en sourire ou d'en rire tellement elle est évidente, et comme le dirait Pierre Reverdy : « l'évidence paralyse la démonstration ». Je voudrais juste vous demander de vous engager dans ce processus quelques jours, afin que vous en mesuriez très rapidement son efficacité radicale.

> Nous allons mettre en place l'injonction magique : « CASSE-TOI ! » ; et chaque fois que le saboteur arrivera dans votre tête, vous vous entendrez dire : « CASSE-TOI », autant de fois que la phrase du saboteur persistera.
> Vous pouvez aussi choisir une autre injonction : « BARRE-TOI ! » ou « VA-T'EN ! » ou « DEHORS ! » ou « DÉGAGE ! », et utiliser ensuite seulement celle-ci.
> C'est efficace à 100 %, c'est redoutable, à une seule condition : ne jamais lâcher ! Ne nous trompons pas, c'est une guerre, et c'est vous qui allez la gagner ! Après, ce n'est qu'une question de temps, mais l'issue sera fatale pour le saboteur ! Il suffit de le chasser de façon systématique autant de fois que ce sera nécessaire.

Attention toutefois, les saboteurs sont malins et intelligents, ils peuvent se transformer en route en d'autres phrases. Il suffit à nouveau d'identifier ces nouvelles phrases « tilt » et de continuer la guerre.
Voilà maintenant des années que je propose cette technique et les résultats vont bien au-delà de mes espérances, c'est étourdissant !

Le travail consiste à rédiger une liste de vos saboteurs afin de les identifier et à la lire tous les matins. Ainsi, à la seconde où cette petite phrase se présentera à votre pensée, vous la chasserez immédiatement. C'est la clef du succès : ZÉRO TOLÉRANCE !
Vous avez entre les mains un outil précieux, à vous de vous en emparer et d'en faire une renaissance ; car c'est de ceci dont il est question : arrêter de se saboter !

Je vous invite fortement à monter une liste de vos saboteurs et d'y retourner une fois par semaine pour :
1/ Rayer ceux qui ne reviennent plus.
2/ Ajouter les nouveaux.
Ce système vous permettra de vous rendre compte de son efficacité car lorsque vous verrez votre feuille se remplir de lignes rayés, vous commencerez à croire à mon éradication à 100 %. C'est une question de temps et de conviction ou d'énergie. Cette dernière est indispensable à cette éradication car c'est elle qui les fera fuir. Si vous mettez juste un « casse-toi » sans énergie, cela ne servira à rien et vous perdrez votre temps. Il faut se dire à partir d'aujourd'hui, c'est terminé, plus de saboteurs !!! Et s'engager dans cette chasse.

5/ LES SABOTEURS PHYSIQUES :
<u>Nos complexes, par exemple :</u>
Mes seins tombent…
J'ai un gros ventre….
J'ai les fesses plates…
Ma peau des bras tombe…
J'ai des cernes sous les yeux…
Mes seins sont trop gros…
Je n'ai pas de mollets…
Mon nez est trop gros…
Je suis ridicule lorsque je danse…
Mes lèvres sont trop fines…
Mes dents sont jaunes…
Mes cuisses sont trop ceci…
Etc., etc.

Une réflexion sur les saboteurs physiques, sur les complexes est nécessaire. Les complexes n'ont rien de rationnels, ils ne sont fondés sur rien, ou plutôt sur l'autre et sont totalement subjectifs. La plupart du temps, l'on ne sait même pas d'où ils viennent et comment ils se sont installés, et cela n'a d'ailleurs aucune importance.

La plus évidente des preuves est qu'une même personne peut être trouvée, belle par l'un et laide par l'autre !

Alors c'est juste quelque chose de subjectif, **un jugement négatif que nous nous sommes approprié, que nous avons bien voulu prendre.**

Et bien il n'appartient qu'à nous de nous en défaire par la technique d'éradication que je vous ai déjà présentée et ainsi, nous soustraire aux jugements des autres.
Cela tient parfois à très peu de chose, cela peut aller de la phrase anodine jetée par un parent : « tes cheveux ressemblent à des ficelles », qui blesse et dont la répétition fait de monstrueux dégâts. Alors que ces mêmes

cheveux auraient pu être désignés par un autre parent : « quels beaux cheveux d'ange tu as ! ».

L'ennui est que même une petite phrase anodine peut s'ancrer toute une vie dans notre mémoire et nous embarrasser en permanence.
C'est de notre seule et entière responsabilité de nous en défaire.
C'est un choix qui nous incombe !

Je voudrais vous raconter l'histoire suivante.
« Un jour un roi constata que la désolation régnait dans ses jardins : les arbres, les buissons, les fleurs... Tout dépérissait.
Il interrogea les végétaux et apprit que le chêne se languissait de ne pas ressembler au pin, que le pin se tourmentait de ne pouvoir porter des grappes comme la vigne, et que la vigne avait perdu le sourire parce qu'elle ne parvenait pas à fleurir comme le rosier.
Dans un coin, le roi découvrit une humble primevère fraîche et satisfaite comme d'habitude.
Interrogée elle aussi, elle répondit :
Lorsque tu m'as fait semer, je me suis dit que tu souhaitais voir une primevère dans ton jardin, si tu avais préféré un chêne, un pin ou une vigne, tu ne m'aurais pas planté et tu aurais planté un chêne, un pin ou une vigne.
C'est moi que tu as voulu, alors je me suis dit que la meilleure des choses était d'être moi-même.
Vous n'êtes là que parce que l'existence a besoin de vous tel que vous êtes, sinon quelqu'un d'autre occuperait votre place.
Tel que vous êtes, vous représentez quelque chose d'essentiel, de fondamental.
Si Dieu le voulait il pourrait produire des bouddhas à la chaîne.
Au lieu de cela il vous a créé vous.
Songez à l'honneur que vous fait l'existence !
C'est vous qu'elle a choisi et non un Christ ou un Krishna. Ces éveillés ont terminé leurs œuvres. Ils ont répandu leur fragrance dans le monde.
A présent, c'est à vous de parfumer l'univers. »

La vie nous a donné notre corps, nous ne le changerons pas, nous pouvons lui faire la guerre et y consacrer notre vie, nous avons déjà perdu !

Imaginez un monde avec des corps parfaits, des seins, des fesses, tout et tous parfaits, imaginez, et dites-moi où serait la beauté ?

Ce qui fait la beauté c'est la particularité, c'est le fait que nous soyons unique, ce n'est pas la forme.

Alors nous avons le choix : passer notre vie à nous plaindre, nous dénigrer, nous rejeter... ou bien alors nous accepter. C'est un choix que nous pouvons faire définitivement et nous pouvons le faire tout de suite.

Je peux le faire parce que mon corps est ce que j'ai de plus précieux,
et je peux faire ce choix maintenant et pour toujours !

Poser un tel acte va m'engager : à ne plus ironiser sur moi, ne plus me critiquer, me dévaloriser, me polluer par tous ces jugements négatifs.

Par cet acte, si je décide de le poser, je prends conscience que c'est dans mon unicité que mon corps a toute sa raison d'être !

Est-ce que je veux arrêter de me dénigrer,
ou est-ce que j'y trouve encore de l'intérêt ?

N'est-il pas temps d'arrêter de souffrir de ceci ?

Sans compter que ce corps que je peux dénigrer est une source intarissable de plaisirs : ce même corps m'offre l'opportunité de me déplacer, danser, courir, vibrer, sentir les caresses, les donner, entendre, manger, voir, jouir...

Quel prix cela a-t-il face à une forme qui ne serait pas tout à fait comme je le souhaiterais ?

Encore une fois, c'est une guerre perdue d'avance !!!

Et puis, je vais avoir une raison supérieure d'honorer mon corps, d'éradiquer tous mes saboteurs physiques ; une raison ultime : je peux faire de mon corps un lieu sacré, je peux faire de mon plus précieux bien un temple sacré, à partir d'aujourd'hui, je peux décider que « mon corps est sacré » !

Il suffit alors de le décider et à cette seconde-là, tous mes jugements négatifs mourront devant l'injonction : « mon corps est sacré » !
IL SUFFIT DE LE DÉCIDER !
IL SUFFIT DE LE DÉCIDER !
IL SUFFIT DE LE DÉCIDER !
Dans le processus du Papillon nous aurons bien-sûr un grand rituel consacré à cette reconnaissance de mon corps.
LE VOULEZ VOUS ?
LE VOULEZ VOUS ?
LE VOULEZ VOUS ?
LE VOULEZ VOUS ?
LE VOULEZ VOUS ?
LE VOULEZ VOUS ?
LE VOULEZ VOUS ?

« Le Sacré se crée ».
C'est aussi simple que ça, oui et ce peut être très déconcertant !
Mais c'est uniquement de notre responsabilité, et si vous décidez de sacraliser votre corps entier, ne permettez plus à quiconque une réflexion sur lui ; si vous décidez de poser cet acte, il est important de ne plus jamais vous renier et alors vous ne reviendrez plus jamais en arrière.
Vous vous demanderez même comment vous avez pu nourrir si longtemps cet auto-dénigrement!
Êtes-vous prêt ?
Êtes-vous prêt à vous séparer de ces complexes qui ont empoisonné votre ancienne vie ?

Alors comment faire ?
Le jour où vous le décidez,
1/ Déshabillez-vous et posez-vous nu devant votre glace, regardez-vous.
2/ Posez les mains sur une partie de votre corps en commençant par : les cheveux et dites : « mes cheveux sont sacrés », et sentez ce qui se passe.
3/ Puis continuez en mettant vos mains sur : front, yeux, oreilles, nez, bouche, menton, cou, épaules, seins, ventre, sexe, bassin, cuisses, genoux, mollets, pieds, bras mains, dos, fesses, anus et dites chaque fois : « mon/mes .... est/sont sacrés »,
4/ Fermez les yeux et promettez-vous de ne jamais vous renier, ni devant la glace, ni devant les yeux des autres !
Tous vos complexes seront morts quand vous ré-ouvrirez les yeux.
C'est aussi incroyable qu'efficace !

Cette technique peut paraître tellement simple qu'on peut en sourire et ne pas y croire, c'est une grosse erreur car elle est redoutablement efficace. Ensuite c'est une question de temps et une guerre à gagner. Mais si vous ne lâchez pas, c'est assurément vous, qui ferez taire ces voix négatives qui peuvent empoisonner toute une vie. Je vous invite donc à monter vos listes de saboteurs pour les identifier et les chasser aussitôt. Sans ces saboteurs, vous allez déjà trouver votre vie nettement plus légère !

À la seconde où je le décide, j'enterre tous mes saboteurs physiques qui ont empoisonné toute ma vie !
Juste avec une injonction : « mon corps est sacré » !
Et c'est un chemin irréversible à condition que je ne me renie jamais, que jamais plus, je n'émette une critique négative sur mon corps, ou ne permette à personne de le faire ;
et ceci ne veut pas dire, que je ne vais pas m'occuper de lui et l'entretenir !

Retenez ceci :
PLUS JAMAIS DE JUGEMENTS NÉGATIFS DEVANT LA GLACE :
JE CHASSE !

JE ME FOUS DU REGARD DES AUTRES :
JE CHASSE !

6/ les SABOTEURS INVERSES,

C'est prendre une feuille, écrire nos saboteurs psychologiques et mettre en face le saboteur inversé, plier la feuille et lire 3 fois chaque matin chacune des phrases positives avant de commencer sa journée.
Faire de même avec les saboteurs sexuels.

Exemple Véronique :
Saboteur psychologiques :
Je n'en vaux pas la peine -> j'en vaux la peine
Je ne le mérite pas -> je le mérite
Je ne suis pas capable -> je suis capable
Je n'en suis pas digne -> j'en suis digne
Je n'y arriverai pas -> je vais y arriver
Je ne suis pas à la hauteur -> je suis à la hauteur
Je ne suis pas aimable -> je suis aimable
Cela ne se fait pas -> je m'écoute et c'est la seule chose qui compte
Tu vas encore souffrir -> si je souffre mon adulte me consolera, alors je peux prendre le risque d'y aller
Je vais encore mal faire -> je vais bien faire
J'ai honte -> je n'aurai plus jamais honte, j'ose celle que je suis.
Je ne peux pas lui montrer ma fragilité -> ma fragilité est une belle richesse.
Les autres y arrivent, pas moi -> j'arrive à mes fins.
Pour qui tu te prends -> j'assume et j'ose celle que je suis.
Je ne comprends rien -> avec du temps, je comprends tout.
Qu'est-ce qu'on va dire -> je m'écoute et fais, je suis ma seule priorité.
Je ne le fais pas, c'est pas important -> tout est important, j'ose.
Saboteur sexuels :
J'aime trop ça -> oui, c'est très bon pour moi.
Si on te voyait -> oui, le sexe est beau.
Ça ne se fait pas -> je fais ce que je sens et j'ose.
C'est pas bien -> tout est bien dans le sexe, il est « sacré » !

Exemple Marie :
<u>Saboteur psychologiques :</u>
Je suis nulle -> je suis capable et très intéressante.
C'est de ma faute -> chacun est responsable de soi, de dire oui ou non.
Je ne suis pas assez bien -> je suis une très belle personne.
J'aurais dû faire autrement -> je fais comme je le sens est ma seule règle.
Je ne sais pas ce que je veux -> je m'écoute et fais.
Il ne me voit que pour le sexe -> je suis une belle femme très désirable.
Je suis une mauvaise mère -> je suis une bonne mère et fait ce que je sens et peux.
Sois sage, sois gentille -> je m'écoute et fais sans aucune culpabilité ce qui est bon pour moi.
Je ne suis pas à ma place -> je suis à ma place.
T'es trop différente des autres -> je suis unique.
Je ne serai jamais heureuse -> je fais ce qu'il faut pour être heureuse.
<u>Saboteur sexuels :</u>
Il n'a pas envie de moi -> je suis très désirable.
Ce n'est pas intéressant ça -> je m'ouvre à l'imprévu.
A quoi bon lui dire -> il ne sait pas à ma place, alors je lui dis.

Exemple Jean :
<u>Saboteur psychologiques :</u>
Tu vas avoir peur -> peur de rien, mon adulte est avec moi.
Tu vas être stressé -> je relaxe.
Ce n'est pas bien -> c'est bien.
Je vais être mauvais -> je vais être bon.
Je ne vais pas pouvoir le dire -> je vais le dire.
N'y vas pas laisse tomber -> j'y vais, j'ose.
Tu vas te ridiculiser -> en m'écoutant, je ne peux pas être ridicule.
Tu ne mérites pas ça -> tu mérites ça.

Ça ne va pas marcher -> ça va marcher.
Tu ne vas pas oser -> tu vas oser.
<u>Saboteur sexuels :</u>
Tu ne vas pas bander -> oui, tu vas bander.
Tu vas éjaculer précocement -> tu ne vas pas éjaculer trop tôt.
Tu vas la décevoir -> tu ne peux pas la décevoir.
Tu ne vas pas la satisfaire -> tu vas la satisfaire.
Tu ne sais pas t'y prendre -> je sais m'y prendre.
Je suis trop compliqué -> je ne suis pas trop compliqué.
Je ne vais pas être à la hauteur -> je suis à la hauteur.
Tu manques d'audace -> tu ne manques pas d'audace.

Sur 3 mois lorsque vous aurez répété une phrase 3 fois par jour et sur 90 jours, il y a de fortes chances qu'elle ait attaqué gravement l'ancienne programmation.

REMERCIEMENTS
A Anna qui partage ma vie,
et la remplit d'une belle couleur,
à mes enfants Paul et Lisa.

A François LEWIN
de l'école de Psychologie BIODYNAMIQUE

A Rose et Lucien.

A tous les « Papillons des Jours Heureux »
qui s'envolent et donnent du sens à ma vie.

A tous les participants de mes stages qui m'offrent leur confiance.

A Mady CABANES,
Pour sa contribution à ce livre.

Conclusion

*« Vous venez de découvrir les 2 outils principaux du processus radical de DECONDITIONNEMENT DU PAPILLON, vous allez reconnecter avec votre source et vous saurez dorénavant ce qui est bon ou pas pour vous.
Le ferez-vous ensuite, vous l'offrirez-vous ?*

C'est toute la question ?

*Ce livre devrait être suffisant pour ouvrir cette belle porte vers vous, mais pour les plus « gourmands », il se peut que vous souhaitiez aller plus loin, alors, peut être un formidable rendez-vous vous attend.
Je vous souhaite de magnifiques moments avec VOUS ! »*

Luc POUGET

www.tantra-massages.fr, vous pourrez y trouver une conférence vidéo de 30mn sur le programme de déconditionnement du papillon.

Du même auteur :

LIBRE ET HEUREUX, L'ENVOL !

« Nous avions entendu parler des papillons heureux qui transmettent leur virus aux humains en se posant sur eux. Nous sommes allés à leur recherche pour en connaitre leurs secrets et êtres contaminés ! »

Ce livre est un conte initiatique et thérapeutique qui va expliquer comment nous nous sommes construits et comment nous fonctionnons.
Il mettra en lumière 14 psychotypes avec leur libérations : le manque de confiance / l'extrême exigence / le manque de chaleur et le refus du contact / l'impossibilité de sentir, choisir, s'affirmer, oser, se positionner / difficulté ou impossibilité de passer à l'action / impossibilité de prendre du plaisir, du temps pour soi / faire passer les autres avant soi / la dépendance affective / subir, humiliation, maltraitance / dépression, burnout /autodestruction et addictions / autodestruction profonde / peurs et angoisses / colères débordantes.
A travers une belle histoire, il va essayer de répondre à tout un tas de questions que l'on peut se poser pour être plus libre et plus heureux.

Livre broché en 228 pages, format 14cm x 22cm,
Couverture souple ou Edition prémium couverture rigide.

LE CADEAU, TRANSMETTRE ET LIBÉRER !
A LA RECHERCHE DE L'ECOLE DES BONS PARENTS et ses 50 invitations.

Comment nous nous sommes construits,
fonctionnons et transmettons.
Selon les tribus de ce conte, ce livre répondra à deux questions essentielles : Suis-je d'abord mon bon parent ? Et le suis-je avec mes enfants ? Dix Maisons : la compréhension, l'attachement, la réparation, le masculin, le féminin, le nid, les sept rites, les transmissions, la plume et le doux silence, les Papillons et le Papé ; et cinq tribus : les pieds tanqués, les crêtes roses, les gros ventres, les éventails et les intellonimbus ; vous offriront 50 invitations pour avoir des enfants « plus libres et plus heureux », pour mieux grandir et réparer au besoin.

Livre broché en 160 pages, format 16cm x 22cm,
Couverture souple ou Edition prémium couverture rigide.

ensuite

LES 77 MARCHES
Une page par jour, des mots pour « grandir » chaque jour un peu plus, à lire et à relire

Livre broché en 176 pages, petit format 12 x 19cm pour emporter partout,
Couverture souple.

LE PAPILLON DES JOURS HEUREUX
DÉCONDITIONNEMENT
Livre thérapeutique technique

Livre broché en 312 pages, format 16cm x 22cm,
Edition prémium couverture rigide.

TANTRA DES JOURS HEUREUX
Qu'est-ce que le Tantra ?
Comment peut-il changer ma vie, ma sexualité, ma relation de couple ?
Pourquoi suis-je en couple ?

Livre broché en 292 pages, format 16cm x 22cm,
Couverture souple

LE GUIDE DU MASSAGE TANTRIQUE
Apprendre le massage Tantrique en 63 étapes

Livre broché en 104 pages, grand format 22cm x 30cm,
Edition prémium couverture rigide.

enfin

2 livres « spéciaux »
qui se présenteront sous la forme de chevalets :
couverture rigide à ouvrir et à accrocher
avec une pince à dessins ou à linge
afin de changer chaque jour de page .
Une très belle photo, un titre à mémoriser
et une page d'explications.

**Des petites phrases à lire et à relire
pour reprogrammer positivement.**

Pour emporter partout, au bureau, en voyage !

L'ENFANT INTERIEUR, LE LIVRE PRECIEUX
DES 31 REPROGRAMMATIONS MAGIQUES
*Livre broché en 76 pages, petit format 12cm x 18cm,
Photos en couleur, papier couché brillant épais 200gr,
Edition prémium couverture r*

et

Idem que précédemment mais en grand format A4 !

GRAND FORMAT 32cm x 22cm
PHOTOS COULEUR et COUVERTURE RIGIDE

L'ENFANT INTERIEUR,
LES 31 REPROGRAMMATIONS MAGIQUES,
GRAND FORMAT
*Livre broché en 76 pages,
papier couché brillant épais 200gr,
Edition prémium couverture rigide.*

MAGNIFIQUE !

A toi mon fils Paul et à toi ma fille Lisa,
Je voudrais par ce livre vous transmettre 2 phrases :
« Crois en toi et ne doute jamais de tes valeurs ! »
« Si tu ne sais pas, ne fais pas ;
Mais si tu sais, fais-le, TOUJOURS ! »

Pour commander ce livre !

Vous pouvez aller sur :
Amazon.fr ou Fnac.com avec un peu de chance, il sera en stock
et vous l'aurez sous 24/48 heures.

Sinon sur BoD.fr mon éditeur
ou decitre.fr, chapitre.com et vous le recevrez chez vous dans +/- 15 jours.

**SI VOUS RENCONTREZ DES DIFFICULTES
AVEC CE DIALOGUE INTERIEUR
VOUS POUVEZ M'ÉCRIRE**
contact@lucpouget.fr

**ON NE PEUT PAS SE PRIVER DE SA SOURCE
QUI PERMET DE SAVOIR POUR FAIRE !**

Lightning Source UK Ltd.
Milton Keynes UK
UKHW020633031121
393313UK00011B/611